KB013812

SUPERVISION ESSENTIALS FOR
INTEGRATIVE PSYCHOTHERAPY

통합적 심리상담에 대한
수퍼비전 핵심 가이드

John C. Norcross · Leah M. Popple 공저

양명숙 · 천세영 공역

Supervision Essentials for Integrative Psychotherapy
by John C. Norcross, PhD, ABPP and Leah M. Popple, PsyD

Copyright ⓒ 2017 by the American Psychological Association

This Work was originally published in English under the title of:
Supervision Essentials for Integrative Psychotherapy as a publication of the
American Psychological Association in the United States of America.
Copyright ⓒ 2017 by the American Psychological Association (APA).
The Work has been translated and republished in **Korean** language by
permission of the APA. This translation cannot be republished or reproduced by
any third party in any form without express written permission of the APA.
No part of this publication may be reproduced or distributed in any
form or by any means, or stored in any database or retrieval
system without prior permission of the APA.

Korean Translation Copyright ⓒ **2022** by Hakjisa Publisher, Inc.

All rights reserved.

본 저작물의 한국어판 저작권은 American Psychological Association와의
독점계약으로 (주)학지사가 소유합니다.
저작권법에 의해 한국 내에서 보호를 받는 저작물이므로
무단 전재와 무단 복제를 금합니다.

역자 서문

이 책에 관심을 가지게 된 것은 2018년 샌프란시스코에서 8월 9~12일까지 열린 APA(American Psychological Association)에 참여하면서부터이다. 평소에 수퍼비전에 대하여 많은 관심을 가지고 있던 차, 임상 수퍼비전의 에센스 시리즈를 보고는 바로 눈에 띄는 대로 구입을 하였다. 설레는 마음으로 시리즈를 한국에 가지고 오면서, 이를 빨리 상담전공 대학원생들과 공유하고 싶었다. 이에 대학원 수업의 교재로 제공하기 위해 APA에서 야심차게 기획한 임상 수퍼비전에 대하여 통독하였고, 학생들과 의욕적으로 임상 수퍼비전 에센스 시리즈를 번역해 보고자 하였다. 그러나 전체 시리즈에 대한 번역권을 다 따내기는 어렵다는 것이 학지사의 의견이었고, 이에 대한 대안은 가장 번역하고 싶은 한 권을 선택하여 시도해 보자는 것이었다. 따라서 이 책 『통합적 심리상담에 대한 수퍼비전 핵심 가이드(Supervision Essentials for Integrative Psychotherapy)』를 선택하게 되었다. 최종적으로 한 권을 선택하라고 하면 바로 이 책이다. 역자들이 지향하는 방향성 또한 통합에 있었기 때문이다.

그러나 독자들에게 양해를 구하고자 하는 것은 바로 용어의 선택이다. 가장 먼저 'therapy'에 대한 용어 번역이었다. 이는 대개 '치료' 또는 '심리치료'로 번역하지만 이 책에서는 '심리상담'으로 주로 번역하였고, 내용상 자연스럽게 '치료'라고 번역하기도 하였다. 이에 대한 혼란이 없기를 바란다. 그리고 인명 및 고유대명사와 책명 등은 원어 그대로를 사용하였다. 번역 작업 중 여러 차례 반복하여 검토하는 과정에서 독자들이 이해하기 쉽도록 의역한 부분도 있지만 여전히 완전하게 이해하기 어려운 부분들도 있다. 이에 대해 독자들이 피드백을 준다면 기꺼이 수용하도록 하겠다.

끝으로, 이 번역 작업이 아직은 성장의 길을 가고 있는 한국에서의 심리상담에 대한 수퍼비전에 긍정적인 영향을 미칠 수 있기를 기대한다.

－한남대 오정골에서 역자들

추천사

 나는 이 책이 좋았습니다. 명료하게 쓰여 있고 매력적이며 매우 실용적이어서, 통합적·절충적·다원적 관점에서 수퍼비전을 해 주고 수퍼비전을 받는 데 있어 확실한 지침이 됩니다. 또한 그 이상으로, 이 특별한 책은 모든 이론적 지향의 수퍼바이저들을 위한 기본서가 되는 수퍼비전에 대한 접근을 공동으로, 그리고 피드백과 증거를 기반으로 하여 상세하게 설명하고 있습니다.

-Mick Cooper, 철학박사, 공인심리학자, 상담 심리학 교수,

영국, 런던 Roehampton 대학교;

『Pluralistic Counselling and Psychotherapy』의 공저자

 이 책은 우리로 하여금 증거 기반 실제와 관계 반응성을 우아하게 녹여 낼 수 있는 수퍼비전을 할 수 있게 합니다. 통합적 수퍼비전은 미래의 흐름이며, 이 매력적인 책은 그곳으로 데려다주는 GPS와 같습니다. 사례와 수퍼비전의 짧은 발췌 부분은 실시되고 있는 통합적 수퍼비전을 맨 앞자리에서 볼 수 있습니다.

-Linda Campbell, PhD, 교수,

아테네 Georgia 대학교

단일 학파 지침으로 상담하는 방법을 배우는 오늘날, 초보 상담자가 상담에 대해 통합적 접근을 할 수 있는 방법에 관하여 포괄적인 지침을 제공하는 것은 새롭고 참신합니다. 이 책의 지침들은 임상적 경험과 경험적 증거를 기반으로 하며, 논의들은 수퍼바이저와 수퍼바이지 모두에게 유리한 관점에서 수퍼비전에 대한 통찰을 제공합니다.

-Marvin R. Goldfried, PhD,

Society for the Exploration of Psychotherapy Integration 전 회장,

뉴욕 Stony Brook 대학교 석좌교수

이 필수적인 책은 통합적 수퍼비전에 있어서 최고의 그리고 최신의 실제에 대한 안내서입니다. 이 책은 최첨단이며, 눈을 뗄 수 없게 만들고, 이 분야에 대한 귀중한 공헌입니다. 이 책은 수련생, 심리상담사, 수퍼바이지, 수퍼바이저, 심리학자, 모든 건강 관련 전문가에게 중요한 자원을 제공합니다. Norcross와 Popple의 증거기반 접근법은 전문가와 전문 종사자들을 위해 성장의 수단으로서 수퍼비전에 대한 흥미로운 가능성을 열어 줍니다.

-Marcella Finnerty, 정신과 의사, 프로그램 감독, 수퍼바이저,

아일랜드 더블린 Institute of Integrative Counselling and Psychotherapy

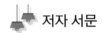 저자 서문

초기에 심리상담과 그 수퍼비전은 단일 이론 지향에서 성과 연구는 거의 고려되지 않은 채 수행되었다. 적어도 절충적 혼합들이 제공되었더라도, 그것들은 비체계적이었고 종종 설명할 수 없는 개인적 예감들, 공통 요인들, 가전(家傳)의 소중한 편향들의 집합체였다. 그런 시절은 사라졌다. 영원히.

이 책은 통합적 심리상담에 대한 체계적이고 실제 연구에 입각한 수퍼비전을 소개한다. 우리는 통합적 수퍼비전의 특징에 초점을 둔다. 그것은 다양한 이론적 전통에 맞추어 조정된 수퍼비전의 방법과 개념을 반영하는 통합, 즉 연구를 기반으로 한 수퍼바이지의 특성에 맞춘 수퍼비전, 수퍼비전의 효용에 대해 수퍼바이지로부터 빈번하게 받은 피드백의 강조, 심리상담 통합 자체의 실용적인 유연성을 모델링하려는 헌신이다.

물론 많은 임상 수퍼바이저는 자신 스스로를 통합적이라고 특징짓는다. 그것은 어쨌든 정신건강 전문가들의 형식상의 이론적 지향이다(Cook, Biyanova, Elhai, Schnurr, & Coyne, 2010; Norcross & Goldfried, 2005). 그러나 이 책에서 우리는 임상적 현실과 수퍼바이지의 이질성이 유연성을 필요로 한다는 것을 단순히 인정하는 것 이상으로 나아간다. 여기에서 설명되고 기술되는 통합적 수퍼비전은 다음을 기반으로 한다.

- 특정 수퍼비전(그리고 심리상담) 방법의 효과에 대한 연구 증거 (이론에 대한 전통적인 의존과 반대)
- 수퍼비전 방법과 수퍼비전 관계 모두를 수련생에게 맞춤화 [방법과 관계의 역사적 분기(historical bifurcation)와 대조]
- 여러 수퍼비전 특성에 대한 수퍼비전의 반응성(단일 구성 대신 에 해당 문화, 역전이 또는 인지 스타일)
- 수퍼비전과 병렬 과정으로 수퍼바이지에 의해 실시되는 심리 상담에 대한 성과 피드백 및 모니터링(수퍼바이지가 단독으로 수행 평가자 역할을 하는 것과 반대)

이 책은 임상 수퍼비전에 대해 두 가지를 반복적으로 이야기한 다. 하나는 수퍼바이저의 관점에서, 다른 하나는 수퍼바이지의 관 점에서이다. 우리는 수퍼바이저에게 유리한 관점에서만 다루어진 출판물이 심각하게 불완전하고, 잠재적으로는 오해의 소지가 있음 을 발견하게 된다. 그것은 임상가의 관점에서만 심리상담에 대해 읽는 것과 유사하다. 의도된 목표가 실제로 달성되었는가? 수퍼바 이저의 피드백이 의도된 대로 받아들여졌는가? 수퍼바이저가 실제 로 수퍼바이지에게 공감적이고 지지적으로 경험되었는가? 어떤 관 계에서든 다른 사람의 경험을 무시하는 것은 분명히 어리석은 일 이고, 의도적으로 관계를 맺고 멘토링하는 수퍼비전에서는 더욱 그렇다. 우리가 임상 수퍼비전에 대한 연구에서 배운 것이 있다면 수퍼바이지의 경험을 특권화하는 것이다.

다행스럽게도, APA의 임상 수퍼비전 에센스(Clinical Supervision

Essentials) 비디오 시리즈는 두 가지의 모든 관점에서 설명하고 있다. 심리상담사이자 공저자로서 우리는 각각 수퍼바이저(JCN)와 수퍼바이지(LMP)의 역할을 하고 있기 때문에 이 책이 적합하다. 비디오에서 시리즈의 진행자는 수퍼바이저와 수퍼바이지의 관점에서 통합적 수퍼비전에 대해 질문하고, 이 책의 대부분은 더 경험이 많은 수퍼바이저의 관점에서 작성되었지만 수퍼바이지의 독특한 관점이 전반에 걸쳐 강조된다. 또한 이 다각적인 협업은 관련된 모든 당사자를 위한 학습 과정의 필수적인 부분을 나타낸다. 어쨌든 모든 수퍼바이저 그들 자신도 한때는 수퍼바이지였지만, 시간과 권력은 종종 '하위' 입장의 경험에 대한 감사를 무디게 만들기도 한다.

각자 유리한 입장에서 말하거나 개인적인 경험에 대해 말할 때는 1인칭 복수형에서 1인칭 단수형으로 바꾸고 이니셜(JCN, LMP)을 사용한다. 또한 우리는 책 전체에서 공동 화자이다.

수퍼비전이라는 용어의 사용은 의도적으로 두 가지 의미를 나타낸다. ① 다양한 이론 지향과 관련된 방법, 양식 및 메커니즘을 통합하는 수퍼비전 그 자체, ② 통합적 접근으로 행해지는 심리상담의 수퍼비전이다. 때때로 이러한 모호함이 혼란스러울 수 있지만 통합적 수퍼비전에 내재하는 병렬 과정을 강조하는 더 높은 목적에 부합한다고 믿는다. 수련생이 심리상담을 개별 내담자와 단일 상황에 동시에 맞추는 것처럼, 수퍼바이저도 개별 수련생에게 체계적으로 수퍼비전을 맞추는 데 이론적으로 유연하다. 이런 점에서 수퍼비전이라는 매체는 상호 의사교환의 메시지가 대부분을 차지한다.

『통합적 심리상담에 대한 수퍼비전 핵심 가이드(Supervision Essentials for Integrative Psychotherapy)』에 온 것을 진심으로 환영

한다. 이 책에서는 보통의 수퍼비전과 비교하고, 부속 비디오인 통합적 심리상담 수퍼비전(http://www.apa.org/pubs/videos/4310959. aspx)에서 설명된 것들을 포함하여, 수퍼비전 세션의 녹취록과 분석뿐만 아니라 통합적 수퍼비전의 차별적 효과성에 관한 흥미로운 연구 요약을 제공한다. 우리는 이 모든 것이 그 용어, 즉 통합적 수퍼비전이 원하는 두 가지 의미에서 유용하다는 것을 입증하고 당신이 통합적 수퍼비전에 참여하거나 통합적 수퍼비전에 대한 헌신을 재확인하는 데 도움이 되기를 바란다.

차례

제1장

들어가기

학생들은 주로 임상 경험과 수퍼비전을 통해서 심리상담을 배운다. 대규모의 여러 학문 분야에 걸친 연구에서, 임상 수퍼비전은 일반적으로 내담자들과 작업하는 직접적인 임상 경험 다음으로 전문성 발달에 기여하는 중요한 요인으로 평가된다(예: Henry, Sims, & Spray, 1971; Orlinsky & Rønnestad, 2005). 내담자들에 관한 실제 수퍼비전은 강의나 서적, 이론보다 훨씬 더 학습의 기반이 된다.

임상 수퍼비전은 모든 분야의 정신건강 전문가들의 교육과 능력에 필수적이다. 대부분의 정신건강 전문가는 그들의 경력 중에 성장하게 되면 어느 시점에서는 다른 사람을 수퍼비전 할 것이고 (Bernard & Goodyear, 2014), 수퍼비전을 실시하는 것은 끊임없이 심리학자들이 하는 전문적 작업에 해당하며, 이는 이들의 중요한 상위 다섯 가지 역할 중의 하나에 속한다(Norcross & Rogan, 2013). 따라서 시간이 지날수록 수퍼비전은 심리학자들의 전체 경력에 걸쳐 이루어지는 것으로 매우 중요하게 여겨진다(Grant & Schofield, 2007).

전문적인 지침들의 풍부함과 학술지와 전공 서적의 확산, 그리고 이 책『통합적 심리상담에 대한 수퍼비전 핵심 가이드』와 이 책의 부속 비디오가 포함되어 있는 APA(American Psychological Association)의 임상 수퍼비전 에센스(Clinical Supervision Essentials) 시리즈의 편성 등에서 확인할 수 있듯이, 수퍼비전은 분명히 발전해 왔다. 최근 집계에 따르면, 현재 전 세계적으로 최소한 12개 정도의 임상 수퍼비전에 관한 지침이 영어로 출간되어 있다. 2014년 APA는 마음건강 서비스 심리학자들에게 자체 지침을 제공하고(https://

www.apa.org/about/policy/guidelines-supervision.pdf), 증거 기반 실제(EBP) 수퍼비전을 사용하여 역량 영역 전반에 걸쳐 행하는 양질의 수퍼비전을 촉진함으로써 대세에 합류하고 있다.

현재 수퍼바이저의 역량이 자주 정의되기는 하지만, 거의 검증되지 않고 있다. 교육 시스템은 계속해서 유능한 실무자들이 유능한 수퍼바이저들이 되고, 총명한 대학원생들이 열성적이고 유능한 수퍼바이지가 될 것이라고 가정한다. 그러나 이것은 헛된 망상이다.

수퍼비전은 복잡하고 어려운 활동이기 때문에 통합적 관점을 도입하더라도, 수퍼바이지의 부담감을 감소시켜 주지는 않는다. 반대로, 통합적 심리상담 수퍼비전은 아마도 단일 학파의 심리상담 시스템보다 더 많은 것을 수퍼바이지와 수퍼바이저에게 요구할지도 모른다. 먼저 유능한 임상가들을 양성함에 있어서 생기는 기존의 어려움들이 해결되어야 하고, 통합적 관점은 무엇보다 수퍼바이지들이 통합적 심리상담을 잘 배워서 내담자들의 요구에 맞게 그들의 치료적 접근에 적용하는 것에 도움이 되어야 한다. Gardner Murphy(1969)는, 그럼에도 불구하고 '오늘날 우리가 분류한 특정한 분야의 전문가들'이라고 말했던 사람들보다 더 많은 심리상담사를 양성하려 한다면, 통합적인 수퍼비전을 위한 집중적인 수련이 필요하다고 하였다.

그래서 통합적인 심리상담 수퍼비전은 흥미로운 도전임과 동시에 전망이 있다. 이 첫 장에서는 이론적 토대를 개관하고, 심리상담의 통합 역사를 살펴보고, 통합적 수퍼비전의 정의를 내리고자 한다. 그리고 통합적 수퍼비전에 이르는 실제적인 개인적 경로에 대하여 다루고자 한다.

1. 이론적 토대

1) 심리상담 통합

심리상담 통합은 단일 학파적 접근들에 대한 불만족과 더불어 이에 따라 어떻게 내담자들이 심리상담을 수행하는 다른 방식들로부터 혜택을 받을 수 있는지를 알기 위하여 이론적 접근들의 경계를 넘어 이해하려는 욕구로 특정지어진다(Norcross & Goldfried, 2005). 우리는 다양한 진단과 특히 초(超)진단적 고려 사항들에 의해 정의되는 대로 개별 내담자들의 특정하고 다양한 요구에 맞게 심리상담과 치료적 관계를 조정하고자 시도한다. 우리는 이론적 학파들 전반에 걸쳐 (통합적으로) 효과적인 방법을 체계적으로 도출하고, 그 방법들을 증거 기반 원리에 근거하여 특정 내담자에게 적용함으로써 이를 수행한다

보편적으로 거의 모든 사례에 적용되는 심리상담은 불가능하며, 경우에 따라서는 도리어 비윤리적이라는 것이 입증되고 있다. 물론 모든 내담자에게 동일한 종류의 심리상담을 제공하는 것은 어떤 심리상담을 할지 선택하는 과정에서는 혼란을 줄이고 단순화시키겠지만, 개인차, 내담자의 선호, 이질적인 문화에 대해 우리가 적용하고 고려해야 하는 것들과는 상반된다.

임상적 실제에서는 어떤 심리상담도, 그것이 아무리 어느 정도 효과가 있다 하더라도, 모든 내담자와 상황에 효과적이라고 입증되지는 않는다. 그 점이 바로 서구 선진국 심리상담사들의 형식상의 이론적 지향인 통합의 원동력이다. 증거 기반 심리상담은, 비록

통합적이지는 않더라도, 유연하고 개별화된 심리상담을 요구하고 있다.

이 점은 유사한 상황을 다른 보건의료와 관련된 직종들에 적용해 보면 분명해진다. 당신은 의료계에서, 만일 만나는 모든 환자와 질병에 대하여 동일한 처방(예: 항생제나 뇌신경 외과 수술)을 내리는 의사들이 있다면, 그들에게 당신의 건강을 맡길 수 있겠는가? 아니면 당신은 교육계에 있어, 모든 교육 기회에 동일한 교육 방법(예: 강의)을 사용하는 교사들을 높이 평가하겠는가? 아니면 당신은 모든 아이에게 모든 잘못된 행동에 대해 동일한 반응(예: 비지시적인 태도나 엉덩이를 찰싹 때리기)을 보이는 보육교사가 있다면 그들에게 당신의 아이를 맡길 수 있겠는가? 분명 당신의 대답은 '아니요'일 것이다. 이는 심리상담 내담자들에게도 마찬가지로 바로 고려되어야 할 것들이다.

물론 표면적으로는 실제로 모든 임상가가 심리상담을 개인 내담자에게 맞추는 것을 지지한다. 어쨌든 누가 심리상담을 내담자의 특정 요구에 맞춰야 한다는 생각에 대해 심각하게 이의를 제기할 수 있겠는가? 실제로 심리상담 지침서들은 유연해지는 방법들에 점점 더 초점화되고 있지만, 그럼에도 불구하고 여전히 제한된 이론적 조건과 기술적 절차 안에서 이루어지고 있는 것이 현실이다. 이와 반대로, 통합적 심리상담은 여러 면에서 유연성에 대한 필요성을 단순히 인정하는 것 그 이상이라고 할 수 있다.

- 통합적 심리상담은 특이한 이론이나 직감적인 혼합주의가 아닌 성과 연구로부터 직접적으로 도출된다.
- 통합적 심리상담은 단일 이론적 체계에서 작업하는 것이기보

다는 여러 가지 심리상담 체계의 잠재적 기여를 수용한다

- 통합적 심리상담 방법의 선택은 단순히 내담자의 진단에만 의
  존하는 것과는 대조적으로, 진단법 및 초(超)진단적 내담자의
  특징들에 근거를 둔다.
- 통합적 심리상담의 목표는 최적의 심리상담 방법과 치료 관계
  를 제공하는 것인 반면에, 많은 경우에 치밀하게 심리상담 방
  법을 선택하는 데 초점을 두고 있다. 효과적인 심리상담에서
  는 도구적인 개입법과 더불어 대인 간의 관계 모두가 중요하
  게 필요하다.
- 통합적 심리상담은 상담 과정 전반에 걸쳐 일어나고(사례 개념
  화로 상담 전 단계에서뿐만 아니라), 내담자의 과정을 추적하며,
  종결까지 내담자와 함께 서서히 발전한다. 내담자는 점진적으
  로 발달하고 진보한다. 그리고 그들의 초기 호소 문제들이 주
  증상이나 상담 종결의 목표는 아니다.

과거에 우리와 동료들은 내담자들에게 적절한 심리상담 방법
을 찾아가는 우리의 목적을 설명하기 위해 많은 용어를 사용해 왔
다. 규범적 · 절충적 · 체계적 심리상담 선택, 차별화하는 심리상담
방법, 반응성, 치료 상호작용에 의한 적합성, 맞춤화 등이 그 예이
다. 그러나 여기에서는 통합적(intergrative)이라는 용어를 시종일
관 사용한다. 우리는 ① 그 용어가 더 포괄적으로 심리상담 통합을
함축하고 표현한다는 점, ② 대안적 용어를 사용하는 것보다 임상
계에서 더 널리 받아들여지고 사용된다는 점, ③ 정신건강 전문가
들 사이에서 그들의 자아정체감을 표현하는 데 최근 선호되는 용
어로 부상하고 있는 점을 근거로 통합적이라는 용어를 사용한다

(Norcross, Karpiak, & Lister, 2005).

과거에도 역시 통합적 수퍼비전은 '사람마다 제각각 다르다.'라는 개념에 의해 주도되었기는 하지만, 철학적 다원주의가 구체적으로 정교하게 적용되지는 않았다. 전형적으로, 그 연결은 오로지 변하지 않는 환자의 특징, 즉 표출된 문제나 진단을 근거로 하였다. 이와는 반대로, 오늘날은 그 연결이나 적용이 내담자들의 다양한 특성에 의해 행해지는데, 특히 초(超)진단적 특성들, 예를 들어 변화의 단계, 저항 수준, 환자의 선호, 문화와 같은 것들에 의해 이루어지고 있다.

2) 통합적 수퍼비전

이러한 통합적 심리상담의 가장 기본적인 원리들은 통합적 수퍼비전과 수련생들과의 작업에도 유사하게 적용된다. 아무리 좋은 방법이라 하더라도, 단일 수퍼비전 이론과 방법이 모든 수련생과 상황에 효과적이지는 않다. 그럼에도 적어도 증거 기반 수퍼비전은 통합적이지는 않다고 하더라도 유연한 관점을 요구하고 있다.

심리상담의 통합에 이르는 많은 방법이 있는 것처럼, 통합적 수퍼비전도 다양한 접근법이 있다. 네 가지 주된 방법은 공통 요인(common factors), 기술적 절충(technical eclecticism), 이론적 통합(theoretical integration) 그리고 동화적 통합(assimilative integration)이다. 이 네 가지 방법 모두 전통적으로 관련된 단일 이론과 기법의 한계를 넘어 보고자 하는 도전으로 특징지어지지만, 이는 다소 다른 방식과 수준에서 이루어진다. 다음에서 우리는 이 네 가지 통합 방법을 요약하고 수퍼비전 운영에 대한 그것의 함의에 관하여 논하고자 한다.

(1) 공통 요인

공통 요인(common factors) 접근법은 다른 심리상담들이 공유하고 있는 핵심 요소를 알아내고, 그러한 공통 요소들에 근거하여 보다 최소화한 최적의 효과적인 치료법을 창출하고자 하는 궁극의 목표가 있다. 이러한 추구는 요인들 중에서 차별화되는 독특한 요인들보다 공통 요인들이 치료 성과를 설명하는 데 있어서 더 중요하다는 신념에 근거한다. Jerome Frank(1973)와 Bruce Wampold(Wampold & Imel, 2015)는 연구 기반 모델에서의 공통 요인 방법의 예를 보여 주고 있다. 통합 운동의 지도자인 Marvin Goldfried(1980, p. 996)는 다음과 같이 주장했다.

> 다양한 지향을 지닌 임상가들이 공통적인 일련의 전략에 도달할 수 있을 정도까지 확장되는 것은, 그들이 다양한 이론적 편향에 의한 왜곡으로부터 살아남아 왔기 때문에, 이러한 강력한 현상들로 이루어질 가능성이 높다.

우리가 다양한 이론에서 무엇이 공통적인가를 명시화할 때는, 그것들 중에 무엇이 가장 효과적인가를 중점으로 선택할 수도 있다.

경험과 문헌(Castonguay, 2000)으로 판단해 보건대, 일부 심리상담 수퍼비전은 명백한 공통 요인 관점에서 실시된다. 수퍼바이저들은 수련생들에게 작업동맹의 발달, 타당성 검증의 가능성, 새로운 행동의 습득과 실시, 긍정적인 기대감 조성과 같은 치료적 공통 요인을 그들이 수퍼비전 세션에서 하듯이 심리상담 세션에서 배양하게 한다(Grencavage & Norcross, 1990; Weinberger, 1995). 이러한 공통 요인들이 '충분히 적합한' 방식으로 작용할 때, 그것들은 수련생들의 수치심과 자기의심 감소, 정체성 발달 강화, 능력 개발 증진과 같은 바람직한 수퍼비전 성과들을 수렴하여 생산해 낸다(Watkins, Budge, & Callahan, 2015).

그러나 딜레마는 심리상담이나 훈련에 있어서 그 어떤 것도 '공통적으로' 또는 '비특정적으로' 기능할 수 없다는 것이다(Omer & London, 1988). 그래서 수퍼비전의 목적으로 공통 요인과 연관되는 특정 임상적 행동들을 조정할 수 있게 해야 한다. 그때까지는 공통 요인 관점에 의한 통합적 수퍼비전은 일반적이기는 하지만 여전히 자주 등한시되어, 소위 심리상담에서—주로 치료적 관계에서— 공통 요인이 기술적 개입이 설명하는 것보다 더 많은 성과 차이를 설명한다는 점을 상기시킬 수밖에 없다(Norcross & Lambert, 2014).

통합적 심리상담에서는 공통점 이상의 것들이 심리상담 전반에 걸쳐 분명하고, 독특하거나 특정한 요인들이 다른 임상가들에 의해 제시되기도 한다. 심리상담 연구에서 중대한 업적들 중의 하나는 몇 가지 장애와 특정 유형의 사람들을 대상으로 하는 심리상담의 차별화된 효과의 입증이다. 그래서 통합적 수퍼비전은 특정 기법들의 기여를 활용하면서 심리상담 치료법들 전반에 걸쳐 공통된 요인들을 강조한다. 공통 요인과 특정 요인의 적절한 사용은 아마도 내담자들에게 가장 효과적일 것이며, 수퍼바이저들에게도 가장 적절할 것이다(Garfield, 1992; Watkins et al., 2015). 즉, 통합적 심리상담에서는 학파들 전반에서 기본적인 유사점들과 유용한 차이점들을 점차적으로 통합해 나간다는 것이다.

(2) 기술적 절충

절충주의자들은 임상 경험과 경험적 연구에 근거하여 그 사람과 그 문제에 가장 적합한 심리상담법을 선택하는 능력을 향상시키기 위해 노력한다. 주안점은 누구를 위해 개입이 효과가 있을지를 예측하는 것이며, 그 토대는 이론적이기보다는 보험 통계에 기반한다(Lazarus, Beutler, & Norcross, 1992). 기술적 절충 지지자들은 그들의 기반이 되는 이론을 반드시 지지하지는 않고, 다른 출처에서 도출된 절차를 사용하기도 한다. 기술적 절충의 경우, 상위 신념과 기법 사이에 반드시 필요한 연관성은 존재하지 않는다. Lazarus(1967, p. 416)는 다음과 같이 언급하였다. "이론적 조화를 시도하는 것은 우주의 가장자리를 그려 보려는 것만큼이나 소용없는 일이다. 그러나 기법을 찾기 위해 심리상담 치료에 관한 방대한 양의 문헌을 읽는 것은 임상적으로 질을 높이고, 치료적으로 가치를 느끼게 할 수 있다."

임상 실제와 수퍼비전에서, 이 통합적 접근은 Arnold Lazarus의 다중양식치료(multimodal therapy)와 Larry Beutler(Beutler & Clarkin, 1990)의 체계적 치료 선택(systematic treatment selection)에서 광범위하게 예시화되고 있다. 심리상담 수퍼비전에 대한 통합적 접근과 이 책의 상당 부분은 기술적 개입과 각 개인의 고유한 필요에 대한 관계적 입장을 맞춤화하기 위한 절충적 요구에서 나온 것이다. 이렇게 맞춤화하고 연결하는 것이 내담자들을 조력하는 수련생들과 수련생들을 조력하는 수퍼바이저들 모두에게 동등한 설득력을 갖고 적용된다는 점이 강조되어야만 한다. 통합적 수퍼바이저들은 각 학생들에 대한 그들의 수퍼비전을 맞춤화하는 것과 각 내담자들에게 제공하는 심리상담을 맞춤화하는 수련생들의 능력을 향상시키는 것의 병렬 과정에 지속적으로 관여하게 된다.

(3) 이론적 통합

심리상담 통합에 이르는 방법에 있어서 조합을 구성하는 심리상담은 단독보다 그 결과가 좋을 것이라는 희망을 가지고, 두 개 이상의 심리상담이 조합된다. 이론적 통합은 하나의 단순한 조합 이상을 원한다. 그것은 부분의 합 이상의, 그리고 실제 임상과 연구에 새로운 방향으로 이끄는 새로운 이론을 추구한다. 이론적 통합이라는 이름에서 알 수 있듯이, 심리상담의 기저 이론을 통합하는 것을 강조한다. 이는 London(1966)이 화려한 언변으로 '이론 으깨기(theory smushing)'라고 이름을 붙였던 것과 함께 역시 London이 각각의 심리상담 기법들을 통합하는 것을 '기법 섞기(technique melding)'라고 불렀던 것과도 연관된다. 이론적 통합은 미국의 임상 및 상담 심리학자들 사이에서 가장 인기 있는 통합의 변형으로 나타나고 있다(Lichtenberg, Goodyear, Overland, Hutman, & Norcross, 2016).

Anthony Ryle(1990)의 인지-분석 치료(cognitive-analytic therapy)에서 현저하게 인지치료와 정신분석치료를 혼합하려는 노력에서와 같이, Paul Wachtel(1977, 1987)의 정신분석, 행동주의, 대인관계 이론을 서로 연결하는 영향력 있는 시도는 이러한 방향을 설명한다. James Prochaska와 Carlo DiClemente(1984; Prochaska & Norcross, 2013)의 초(超)이론적 접근법(변화의 단계와 관련하는)과 같은 주요 심리상담 체계 대부분을 융합하기 위해 더 큰 계획이 발전되고 있다. 그러나 이 모든 것은, 결국에 가능할지 아닐지 모르지만, 심리상담의 대 통합 이론(Magnavita & Anchin, 2014)까지는 아직 이루어지지 않고 있다.

심리상담사들은 그들의 통합 이론을 만들 때 다양한 이론을 결합한다. 스스로를 통합적 심리상담사라고 자처하는 187명은 그들의 여섯 가지 주된 이론(행동주의 이론, 인지주의 이론, 인본주의 이론, 대인관계 이론, 정신분석 이론, 체계 이론)을 평가할 때, 결과적으로 15개의 결합 쌍이 최소 한 명 이상의 심리상담사에 의해 각각 선택되었다(Norcross et al., 2005). 1970년대 중반에 가장 일반적으로 지지되는 결합 쌍은 정신분석과 행동치료였고(Garfield & Kurtz, 1977), 1980년대 중반에 가장 인기 있는 세 가지 결합은 모두 인지치료를 포함했다(Norcross & Prochaska, 1988). 그리고 2000년대 초반에는 인지치료 심리상담이 모든 결합 리스트 중에 가장 우세했다. 인지치료는 미국에서는 전체 결합된 조합의 42%를 차지하였으나, 미국 외 다른 나라에서는 미국보다는 적게 나타났다.

두 가지 이론적 모델, 즉 인지행동치료(cognitive-behavioral therapy: CBT)와 마음챙김/수용 치료(mindfulness/acceptance therapy)를 결합하는 수퍼바이저들은 확실히 이론적 통합주의자로 인식될 것이다. 그러나 수퍼비전에서 또 다른 이론적 모델이 적용되면, 통합은 절충주의로 융합되기도 한다. 즉, 수퍼비전에서 기술적 절충과 이론적 통합 사이의 구분은 거의 분명하지도 않고, 기능하지도 않는 듯하다. 광범위한 수퍼비전을 받는 소수의 수퍼바이저는 이들을 거의 구분하지 못할 수 있다. 더구나 서둘러 덧붙이자면, 이 통합적 전략들은 상호 배타적이지도 않다. 즉, 기술적 절충은 이론을 완전히 무시할 수 없으며, 이론적 통합자들은 기법을 무시할 수 없다는 것이다.

(4) 동화적 통합

네 번째 통합 방법은 심리상담의 한 체계에 확고한 근거를 두면서 기꺼이 다른 체계로부터 임상 실제와 관점을 선택적으로 적용하고자(동화하고자) 하는 것이다(Messer, 1992). 그렇게 함으로써 동화적 통합은 하나의 일관된 이론 체계의 이점들을 다양한 이론 체계로부터 보다 광범위한 기법들의 유연성과 결합한다. 예를 들어, 인지치료 심리상담자는 행동치료적 심리상담 과정과는 다르게 게슈탈트 치료의 의자 기법을 사용할지도 모른다. 그것에 대한 Stanley Messer(1992, 2001)의 오리지날 설명을 더한 동화적 통합의 예는 George Stricker와 Jerold Gold(1996)의 동화적 정신역동 치료와 Louis Castonguay와 동료들(2004)의 인지-행동 동화적 심리치료이다.

동화적 통합은 지지자들에게 정교한 통합에 이르는 현실적 중간 기착지이고, 비판자들에게는 오히려 증거 기반에 전념하기를 원하지 않는 사람들의 허비적인 정거장과 같다. 양측 모두 동화가 전체 통합에 이르는 하나의 부분적 단계라는 점은 동의하는데, 대부분의 심리상담사는 단일 접근으로 과거부터 현재에 이르기까지 수련받아 왔으며 계속해서 수련받고 있으나, 그들의 원래 접근의 한계를 알게 되면 대부분 점차적으로 다른 접근들의 일부와 방법들을 통합해 간다.

노련한 심리상담사들(예: Dryden & Spurling, 1989; Goldfried, 2001)의 개인적 여정은 어떻게 심리상담사들이 실제로 그들의 임상적 실제를 조정하고 그들의 레퍼토리를 확장하는지를 보여 준다. 심리상담사들은 원래의 견해와 실제를 버리는 것이 아니라, 재작업하고, 추가하고, 새로운 형태로 제시하는 것이다. 효과적인 치료를 형성하기 위해서 그들은 점차적이고 필연적으로 새로운 방법들을 그들의 원래 이론에(그리고 삶의 경험에) 동화시킨다.

그리고 동화적 수퍼비전에서, 수련생들은 또 다른 이론 체계에 맞추어 조정된 방법을 때때로 사용하면서 주로 하나의 이론적 전통으로부터 교육받게 된다.

얼마나 자주 그리고 무엇을 기반으로 수퍼바이지들이 자신의 주 이론으로부터 벗어나는지는 확인될 필요가 있지만, 그러한 벗어남은 오히려 확실히 더 야심찬 통합적 수퍼비전에 이르는 흔하면서도 실제적인 단계이기도 하다.

우리의 통합적 수퍼비전에서, 우리는 세 가지 통합 방법—공통요인(common factors), 기술적 절충(technical eclecticism), 이론적 통합(theoretical integration)—을 기꺼이 수용한다. 공통 요인은 특히 치료상의 수퍼비전 관계를 강조하고 기본 원리들/변화의 과정을 강조한다. 기술적 절충은 각 내담자의 고유한 필요에 심리상담을 맞추고, 이에 상응하여 경험적 연구를 바탕으로 각 수련생들의 개별성에 맞춘다. 그리고 이론적 통합은 상담 목표, 내담자의 선호, 변화의 단계 그리고 다른 초(超)진단적 특성들의 다양성 안에 내포될 때, 이론 체계들은 상충하는 것이 아니라 보통 상호 보완적이라는 것을 보여 준다. 이 책에서 우리가 동화적 통합을 더 이상 강조하지 않는 것은 완전한 통합적 수퍼비전에 이르기 위한 조심스러운 행보이기 때문이다.

2. 역사적 관점

초보 심리상담사는 자주 인용되는 바벨탑 비유의 상황에 직면하게 된다. 그들은 이론들의 다양성을 직접적으로 마주하게 된다. 즉, 제각각의 이론들은 명료하고 단호한 지지자들과 마찬가지로 또한 명료하고 단호한 반대자들에 의해 '해야 할 것들'과 '하지 말아야 할 것들'에 대한 의견과 훈계를 제시하기에, 탄력성이 아주 좋은 학생들을 제외한 많은 학생은 혼란과 좌절을 경험하기도 한다. 따라서 통합적 심리상담 자체와 마찬가지로, 심리상담 수퍼비전에 대한 통합적 접근은 수퍼바이지들에게 다양한 지향 가운데 조화라는 희망과 더불어 이론의 바다에서 경험주의라는 닻을 제공하기도 한다.

하나의 관점으로서 통합은 아마도 철학과 심리상담만큼 오랫동안 존재해 왔을 것이다. 철학에서 3세기 전기작가 Diogenes Laertius는 2세기 알렉산드리아에서 번성했던 절충주의 학파를 언급했다(Lunde, 1974). 심리상담에서 Freud는 다양한 방법을 선택하고 통합하느라 의식적으로 애썼다. 일찍이 1919년에, 이미 그는 극히 일부 사람만 이해하는 접근이 보편적 적용 가능성이 결여됐다는 점을 인정하여 고전적 정신분석의 대안으로 정신분석치료를 도입하였다(Liff, 1992).

심리상담을 통합하는 것에 대한 더욱 공식적인 생각은 일찍이 1930년대의 문헌에 등장했다(Goldfried, Pachankis, & Bell, 2005). 예를 들어, Thomas French(1933)는 1932년 APA 회의에서 Freud와 Pavlov의 유사점을 도출했다. 1936년에 Saul Rosenzweig는 다양한 심리상담 체계들의 공통점을 강조하는 논문을 출간하였다

(Rosenzweig, 1936). 그러나 초기 통합에 대한 다양한 시도는 주로 이론 중심이었고, 경험적으로는 검증되지 않았다.

　의도적으로 무시되기도 하였지만, 이 통합에 대한 선구적인 것들은 개별 이론적 지향들 중심으로 구성된 분야에서 주로 숨겨진 잠재적 주제로서만 등장했던 것으로 보인다. 비록 심리상담사들이 그들의 이론적 지향이 실제 임상에서 그들이 마주했던 모든 상황에 적절히 도움이 되지는 않았다고 내밀히 인정하더라도, 전문 기관, 수련 기관, 의뢰 네트워크(referral networks)와 같은 다수의 정치·사회·경제적 세력들은 그들의 이론적 지향을 그들 고유의 이론적 학파의 틀 안에 가두어 놓았고, 그들과 다른 대안적 지향들로부터 임상적 도움을 받는 것을 회피하게 만들었다.

　통합적 수퍼비전은 현대 시대에 Frederick Thorne(1957, 1967)과 Arnold Lazarus(1967)에 의해 시작되었을 것으로 추정되는데, 이들은 절충주의의 시조로 여겨진다. Thorne는 숙련된 전문가 누구라도 하나 이상의 도구를 가지고 준비해야 한다고 설득력 있게 주장했으며, 임상가들이 많은 다양한 이론적 지향으로부터 도출된 방법들로 그들의 도구상자를 채울 필요성이 있다고 강조했다. 그는 동시대의 심리상담을 오직 한 종류의 드라이버만을 사용하는 배관공에 비유했다. 그런 배관공과 마찬가지로 상습적으로 쓰던 심리상담법만 쓰는 상담사들은 내담자들의 개인적 차이를 고려하지 않고 같은 심리상담법을 모든 내담자에게 적용했으며, 오히려 반대로 그들이 도리어 상담사에게 적응하기를 기대했다. Lazarus의 영향력 있는 다중양식치료(multimodal therapy)는 한 세대의 정신건강 전문가들에게 더 폭넓게 생각하고 행동하도록 영감을 주었다.

　1970년대 후반에는 이론적 통합에 대한 다양한 시도가 도입되었다. Wachtel은『고전적 정신분석과 행동치료: 통합을 향하여 (Psychoanalysis and Behavior Therapy: Toward an Integration)』라는 고전을 저술했으며, 이 저서에서 두 이론 체계 사이의 의견 차이를 연결하려고 시도하였다. 그의 통합 저서는 아이러니하게도 행동치료가 "어리석고, 표상적이며 심지어 부도덕할 가능성이 있는" 심리상담이라는 것을 기술하기 위한 글을 쓰려는 노력으로 시작되었다 (Wachtel, 1977, p. xv). 그러나 글을 준비하면서, 그는 처음으로 행동치료가 무엇인지 면밀히 살펴보고 이슈들에 대해 신중히 생각하게 되었다. 그는 당시의 선두적인 행동치료사들 몇몇을 관찰해 보았을 때, 그가 강하게 끌려왔던 정신역동치료의 특정 버전이 대다수의 행동치료사가 하고 있는 것들과 상당히 들어맞는다는 점을 발견하고 놀랐다. Wachtel의 경험은 독단적인 이론 학파들이 다른 학파들을 지속적으로 희화화하고, 그렇게 함으로써 관점에 있어서 변화 가능성을 배제하고 임상 실제에서 확장을 막고 있다는 점을 현명하게 상기시키는 역할을 한다.

1970년대 후반에 첫번째 통합 교재들 중의 하나인『심리상담의 체계: 초(超)이론적 분석(Systems of Psychotherapy: Transtheoretical Analysis)』(Prochaska, 1979)이 출판되면서 Prochaska와 DiClemente의 초이론적 접근 또한 소개되었다. 이 책은 공통 변화 원리와 변화 단계들에 관한 관점과는 다른 이론적 지향들을 리뷰하였다. 일반적으로 초이론적 접근과 특히 변화 단계는 가장 광범위하게 연구된 통합 심리상담들 중 하나이다(Shottenbauer, Glass, & Arnkoff, 2005).

그 이후 겨우 지난 40년 만에, 심리상담의 통합은 명확하게 설명된 관심 영역으로 발전해 왔다. 심리상담의 통합에 대한 관심의 시간적 전개를 살펴보면, 1970년대 이전에는 드물게 시작되었고,

1970년대에는 관심이 증가하였으며, 1980년대부터 현재까지는 급속도로 가속화되었다. 달리 언급하자면, 통합적 심리상담은 체계적 변화 운동으로서, 오랜 과거를 갖고 있지만 짧은 역사를 지니고 있다. 그러한 변화 운동에서 통합적 수련 및 수퍼비전에 관한 출판물들이 1980년대에 주기적으로 나타나기 시작했다(예: Beutler et al., 1987; Norcross, 1988; Norcross et al., 1986). 그러한 점에서 명시적 통합은 임상 수퍼비전에서 상대적으로 새로운 것이다.

통합 그 자체는 첫 번째 단계일 뿐이다. 우리 심리상담사들은 심리상담 레퍼토리를 확장해야 하고, 다양한 심리상담 기법, 치료적 관계, 심리상담 구성 방식을 수용해야 한다. 두 번째로 경험적 단계는 언제 그리고 어디서 다양한 기법, 관계, 구성 방식을 사용하는지를 구체적으로 아는 것이다. 초기 통합적 수퍼바이저들은 실용적 통합을 선호했지만(예: Halgin, 1985), 언제 그리고 어떻게 그러한 다양한 이론이 통합되는지를 구체화하는 연구 증거를 갖지 못했다. 그렇게 확고한 증거는 20년이 지나고 나서야 가능해졌으며(예: Beutler & Harwood, 2000; Norcross, 2011), 그 결과 체계적이고 연구에 기반한 통합적 수퍼비전 유형이 이 책에서 제시되게 되었다.

3. 수퍼비전의 정의

임상 수퍼비전은 수퍼바이지들이 더 효과적(혹은 효율적)으로 서비스를 내담자들에게 제공할 수 있게 하는 방식으로 그들의 행동, 정서, 인지를 수정하려는 목적을 가지고 본질적으로 인간관계를 수반한다(Hess, 1980). 다른 무엇보다 가장 중요한 것은 관계이다.

수퍼비전을 관계라고 정의하는 우리의 주장은 주로 '전문적 실제'
나 '능력'으로 정의하는 특성들을 삼가하게 만든다(APA, 2015). 분
명 두 가지 모두가 수퍼비전이지만, 필수 요소는 관계이다.

수퍼비전의 변수는 유동적이며 침투성이 있다. 수퍼비전은 대부
분의 경우 제한된 기간으로 연장되지만, 다른 경우 수십 년으로 연
장되기도 한다. 수퍼비전은 유능한 실무가가 되는 것과 관련된 것
들 이상의 뚜렷이 구별되는 기술과 지식을 요구하지만, 임상 기술
은 수퍼비전 기술과 상당히 겹친다. 수퍼비전의 목적은 다양하지
만 때로는 상충하기도 한다. 이러한 목적은 멘토링하기, 교육하기,
수퍼바이지가 심리상담 중인 내담자를 도와주기이며, 물론 평가하
기와 더불어 자격을 갖추지 않은 심리상담사들을 견제할 수 있는
문지기 역할도 있을 것이다(Bernard & Goodyear, 2014).

1) 교육 대 심리상담

수퍼비전과 심리상담은 많은 특징을 공유한다. 그것들 모두 생
각, 감정, 행동을 점검하면서 수퍼바이저/상담사가 수퍼바이지/내
담자를 도와주는, 특권이 있는 친밀한 관계를 포함한다. 수퍼바이
저와 상담사 결합의 전형적인 행동은 경청하기, 반영하기, 공감하
기, 관찰하기, 정보 제공하기, 피드백 주기와 때로는 교육하기이
다. 수퍼바이지와 내담자들은 모두 민감하거나, 때로는 고통스러
운 내용을 정기적으로 예정된 세션에서 공유하도록 요구된다. 수
퍼바이지들과 내담자들은 둘 다 알아차림, 기술, 불안 해소를 원하
고, 변화를 추구하며 동시에 저항한다. 수퍼바이지들과 내담자들
모두 더 힘 있는 수퍼바이저/상담사로부터의 지지를 원하는 반면

에 비판은 두려워한다.

이렇게 두드러지는 구조적 유사성들은 교육과 심리상담을 합치려 하고, 수퍼비전을 심리상담으로 바꾸려는 전설로 만들려는 유혹을 불러일으킨다. 그러한 상황들은 빠르게 윤리적으로, 법적으로, 훈련하는 데 있어서 지뢰가 되기도 한다. 예를 들어, 특정 내담자에 대한 역전이를 이야기할 때, 수퍼바이지들은 그들의 내담자들에 대한 긍정적이거나 부정적인 감정들의 원인과 관련하여 너무 많은 개인적인 정보를 누설할지도 모른다. 또는 수퍼바이저들이 미묘하게 끌어들이거나 공공연하게 그러한 세부 정보를 요구할 수도 있다.

수퍼바이저들은 비록 수퍼바이지들이 심리상담을 받을 기회와 권리가 있더라도, 수퍼비전을 받을지 말지에 대해서는 선택의 여지가 거의 없다는 점을 경계하고 기억해야 한다. 특정 수퍼바이지들이 자주 수퍼비전에 위임되기도 한다. 이럴 경우에 수퍼바이저들은 그들이 선호하는 심리상담 수행 방식에 빠지기 쉬우며, 수퍼바이지들도 수퍼비전을 (알고 하든 모르고 하든) 그들의 개인적 심리상담으로 이용하려 할지도 모른다. 수퍼바이저들은 그들의 수퍼바이지를 위해 멘토링을 할 필요가 있으나, 적절한 선을 유지할 필요가 있다.

수퍼비전과 심리상담 사이에 구조적 유사성이 있음에도 불구하고, 그것들의 목표는 상당히 다르다. 수퍼비전의 목표는 수련생들이 스킬을 향상하도록 돕고, 경계를 형성하고, 지지를 제공하며, 내담자들의 복지를 보장하는 것이다. 내담자들은 삶의 만족도를 높이고 특정 행동장애를 개선하기 위해 치료를 원한다(Page & Wosket, 2001). 반대로 수퍼바이지들은 학위 과정과 또는 상급 임상가가 되기를 원한다. 이러한 수퍼비전상 관계는 수퍼바이지들에게 개인적인 심리상담을 제공하는 것은 아니다(Watkins, 1997).

어떤 수퍼비전 모델은, 수퍼바이지들로 하여금 경험으로부터 배우고 보다 상급의 임상가가 되는 것을 가능하게 하는 한, 수퍼비전과 심리상담 간의 경계를 모호하게 할 것을 제안하기도 한다(Sarnat, 1992, 2015). 그러나 우리는 그러한 경계를 모호하게 하지 않는다. 통합적 수퍼비전에서 우리는 양심적으로 수퍼비전과 심리상담 사이의 경계를 넘지 않는다.

수퍼바이지들이 정신적으로 건강하고 그들의 직업에 적합하기를 바라지만, 그들의 개인적 문제들이 내담자를 적절히 대하는 능력에 방해될 때가 있다. 그러한 어려움이 발생할 때 우리는 수퍼바이저로서 무슨 일이 일어났는지를 알리고, 수퍼바이지들과 공개적으로 논의하며, 재발을 막기 위한 작은 문제 해결 계획에 이르고, 그런 일이 다시 일어날 때를 대비하여 주의하며 준비하도록 명심하면서 그 사건을 다루어 나간다. 그러나 만약 어떤 하나의 사건이 주기적으로 발생하거나 심각한 문제가 된다면, 통합적 수퍼바이저는 강력하게 개인상담을 권한다. 심리상담 의뢰는 수퍼바이지들을 적절한 심리상담 환경으로 자연스럽게 만들어 이끌어 줄 수 있다. 반복적으로 발생하는 수퍼바이지들의 문제들이 좋은 심리상담을 제공하는 것을 막고 있다는 점을 우리가 인식할 때, 우리는 수퍼바이지들에게 심리상담을 권하지만 직접 심리상담을 하려고 덤벼들지는 않는다.

2) 증거 기반 실제와 역량

증거 기반 실제(Evidence-Based Practice: EBP)의 비대한 국제 조직은 내담자들의 문화, 성격, 목표에 심리상담을 맞추기 위해 최상의 가능한 연구와 임상 전문가를 이용하는 일에 박차를 가하고 있다(Norcross, Beutler, & Levant, 2006). 이에 상응하는 방식으로 증거 기반 수퍼비전은 특정한 수련생에게 수퍼비전을 맞추기 위하여 최상의 가능한 연구와 수퍼바이저 전문 지식을 이용할 것이다. 데이터 기반 임상적 의사결정은 심리상담과 수퍼비전을 수행하기 위한 기준이 될 것이다.

EBP는 전통 학파의 붕괴와 정보에 기반한 다원주의의 단계적 확대를 가속화시켰다(Norcross, Hogan, Koocher, & Maggio, 2017). EBP는 '무엇이 누구를 위해 효과가 있는가'에 대한 실용적 헌신을 반영한다. 분명한 강조점은 무엇이 효과가 있는가이지, 어떤 이론을 수퍼바이저가 선호하는가가 아니다. 통합적 수퍼비전은 적절하게 규정된 EBP와 잘 맞는다.

동시에 우리 통합적 수퍼비전은 정신건강 역량 교육을 위한 증가하고 있는 움직임을 반영하고 강화한다. 최근 한 예로, APA(2015) 지침이 일곱 가지 역량 영역으로 구성되었는데, 이는 수퍼바이저 역량, 다양성, 관계, 전문성, 사정/평가/피드백, 전문가 역량의 문제점, 윤리적/법적/규제적 고려 사항이다.

수퍼바이저 역량이 종종 가정되기는 하지만 최근에서야 역량 기반 수퍼비전을 가치 있게 보는 훈련 프로그램에 의해 변화가 있어왔다(Kaslow, Falender, & Grus, 2012). 최소한, 수퍼바이저들은 수퍼비전과 수퍼비전을 받는 전문적 활동에 대한 연구에 대하여 해박

한 현대 지식을 가지도록 기대된다. 수퍼바이저들은 세미나나 그들 자신을 위한 또 다른 수퍼바이저에게 수퍼비전을 받는 것을 통해 지속적인 수퍼비전 교육을 이수하도록 기대된다. 또한 수퍼바이저들은 수퍼바이지들의 지속적인 학습과 성장 과정에 책임이 있는 다른 전문가들과의 소통을 우선순위에 두고, 모든 수퍼바이저 사이에 직접적인 연락이 가능하게 해야 한다.

그러나 역량은 수퍼바이저에게만 해당되는 것은 아니다. 역량 기준은 유용하게 수련생들의 학습 목표와 수퍼바이저의 수련생 수행 평가의 기준에 통합될 수 있다. 이후 장에서 자세히 설명하겠지만, 수퍼바이지의 서면 평가를 완료할 때 우리는 다른 수준의 수련을 위해 APA의 역량 기준을 채택한다(Fouad et al., 2009). 우선 여기서 핵심은 우리의 통합적 수퍼비전은 모든 관련자의 역량을 중시하고 이용한다는 것이다.

4. 저자의 경로

1) 수퍼바이저 John C. Norcross

나는 30년 넘게 학생들과 동료들을 수퍼비전 해 왔다. 내가 초기에 임상 수퍼비전에 관심을 가진 것은 대학원 과정에서 '수직적 팀(vertical team)'의 형태로 경험이 적은 박사 과정생을 수퍼비전 하는 짧은 에피소드와 관련이 있다. 그때의 경험에서 내가 얻은 교훈은, 첫째, 내가 관계적이고 임상적인 수퍼비전의 즉시성을 즐긴다는 것이었고, 둘째, 내가 같은 초보 수련생을 수퍼비전 하기 위해서 일치하지 않는 이론적 배경을 갖고 있는 두 명의 수퍼바이저를 절대 배치하지 말아야 한다는 것이었다. 그렇지 않으면 혼란만 가득하게 되고, 내담자들도 아마 고통받을 것이다.

나는 대학과 대학원에서 수퍼비전을 받을 때 여러 면에서 운이 좋았다. 나는 그 어떤 끔찍하거나 트라우마가 될 만한 수퍼바이저들을 경험하지 않았다. 한 수퍼바이저는 따뜻하고 지지적이었지만, 아마도 다른 식으로 인자했을 것이다(질 높은 수퍼비전은 강한 수퍼비전 관계가 필요할지 모르지만, 그 이상의 것도 필요하다는 귀중한 교훈을 나에게 가르쳐 주었다). 또 다른 임상 수퍼바이저는 현명하고 학구적이었지만, 내 연구에 관해서만 말하기를 선호했다. 이것은 나에게 모든 면허를 소지한 전문가들이 심리상담 수퍼비전에 관심을 갖고 있거나 또는 숙련되지는 않다는 점을 가르쳐 주었다). 그 외에, 나는 훌륭하고 민감하게 알아차리고 반응하는 수퍼비전을 받았다. 더구나 나는 수퍼비전 대학원 과정(실제로는 자문과 수퍼비전)을 이수했다는 점에서 행운아 중 하나가 되었는데, 공식적 수퍼비전 훈련을 받고 수퍼바이저로 활동을 하는 20%의 심리학자에 합류하게 되었다(Peake, Nussbaum, & Tindall, 2002).

또한 나는 내 가족 배경과 정규 교육에 의해 통합적으로 훈련받는 행운을 얻었고, 이로 인해 우회적이고 필연적으로 동화적 접근법을 쓸 필요가 없어졌다(Norcross, 2006). 어떤 면에서, 나의 통합적 관점은 나의 가족 배경에 의해 너무 과하게 규정되기도 했다. 나는 사형제 중에 둘째이다. 그러한 가족 내 출생 서열과 누적 연구와 일관되게(Sulloway, 1996), 나는 중재와 저항을 모두 하기 위해 태어났다. 이는 통합의 적절한 요약과 같다. 신뢰할 만한 성인 관찰자들은 내가 나의 형제들 사이에서 중재자 역할과 나이가 많은, 지배

하려는 형제와 어린 형제들 사이의 가교 역할을 한다는 데 동의하
는데, 이는 일반적으로 심리학자들 사이에서는 익숙한 패턴(혹은
재구조화)이다(Dryden & Spurling, 1989; Henry et al., 1971). 그보다
더, 나의 출생 순서와 가족 역학은 과학적 혁신에 대한 개방성을 이
끌어 냈으며, 더불어 전통적 신념에 반하는 반항적인 경향성도 함
께 가져왔다.

또한 동시에 나는 다양한 종교와 문화를 통합한 산물이었다. 우
리 부모님은 미국의 다른 지역 출신인데, 한 분은 도시 북동부 지역
출신이고 또 다른 분은 시골 스모키 마운틴스 지역 출신이다. 비유
대인과 유대인, 화이트칼라와 블루칼라 모두 우리의 이웃과 친구
들로 거주했다. 나의 확대가족에서 다양한 종교를 수용하는 것은
자연스럽고 쉬웠다. 예를 들어, 나는 유대인 보육원과 유치원, 사
립 루터교 초등학교, 공립 고등학교, 처음에는 Dutch Reform 대학,
그러고 나서는 대학원 과정을 위해 주립대학교를 다녔다. 주제를
이어 가면, 나는 침례교로 자란 여성과 결혼하였고, 우리는 감리교
회를 다녔으며, 의붓딸과 의붓아들은 사립 가톨릭 학교를 다녔고,
지난 30년 동안 나는 예수회 대학에서 가르쳐 왔다.

이러한 다양한 전통은 끊김없는 모자이크처럼 자연스럽게 흘러
갔다. 가장 좋아하는 다음 가족 이야기 하나가 실례(實例)가 된다.
어렸을 때, 나는 내가 유대인인지 아닌지 질문을 받았다. 나의 다양
한 종교적 배경(혹은 혼란)을 반영하여, 나는 "아니요, 하지만 내 남
자 형제는 그래요."라고 대답했다.

부모의 직업적·정치적 위치도 나의 세계관에 깊이 영향을 미
쳤다. 나의 아버지는 젊은 시절 급진적인—어쩌면 위험한—직업
을 갖고 있었을 때, 특히 어머니를 만났던 남부 지역에서 노동 조합

의 조직자이었다. 정통파적 신념이나 독단적 신조 그리고 비즈니스들은 신뢰할 수 없다는 것이 나에게 분명해졌다. 나의 어머니는 National Park Service의 첫 번째 여성 직원이었는데, 이는 1950년 대에는 모험적이고 파격적인 배치였다.

　돌이켜 생각해 보면, 나의 가족으로부터 나의 성격은, Robertson (1979)이 심리학자들 중에서 통합을 촉진하게 하는 것으로 밝혔던, 세 가지 방향으로 형성되었다. 첫 번째는 심리상담 세계의 모든 개입을 취합하고자 하는 강박적 동기이다. 두 번째는 이론적 일원론을 넘어서려는 독자노선파이거나 반항적인 기질이다. 세 번째는 현 상태에 대한 회의적인 태도이다. 이에 더하여, 나는 이론적인 정설에 반대되는 실용적인 고려를 하는 성향이 있다고 덧붙이고 싶다. 그것은 통합적 심리상담자들에 대한 초기 연구에 의해 지지되는 변수이다.

　어린 시절의 분명한 통합적 성향들은 다양한 학부 경험에 의해 확고해졌다. 학부 때의 멘토들은 통합 정신의 모델을 보이고 시범을 보였다. 나의 세 명의 Rutgers 대학 멘토는 다른 배경 출신이었는데, Andrew Bondy는 확고한 행동치료자였고, Michael Wogan은 대인관계 정신역동치료자였고(그리고 Hans Strupp의 제자였다), Winnie Lennoix는 내담자 중심의 다문화 심리상담사였다. 비록 그들 자신의 이론적 지향을 매우 소중히 여겼지만, 그들은 똑같이 다른 이론적 전통의 기여도 존중했다. 세 명의 멘토 모두 내가 심리상담을 연구하고 수행하는 데 있어서 상호 보완적으로 배워야 한다는 점을 반복적으로 강조했다. 그리고 대학원에 지원하면서 Rutgers 대학의 절충주의(eclecticism)의 시조 중 한 명인 Arnie Lazarus는 나의 경로를 인도해 주었다.

Rhode Island 대학(URI)에서 임상심리학 박사과정은 통합적인 '거사(deal)'를 굳혔다. Jim Prochaska는 텍사스로 이전한 Carlo DiClemente와 함께, 자기변화(self-change)를 위한 그의 첫 번째 수백만 달러의 보조금을 확보했고, URI에서 인상적인 연구 프로그램을 구축하고 있었다. 그는 최초의 통합적 심리상담 교재 중 하나인 『심리상담의 체계: 초이론적 분석』을 출간하였으며, 커플 심리상담을 가르쳤고, 개인상담을 계속해 왔다. 바로 여기에 활약 중인 과학자–임상 전문가(scientist-practitioner)가 있었다.

URI의 임상 프로그램은 다양한 이론적 전통으로 비체계적인 훈련을 제공했지만, Jim의 초이론 모델(transtheoretical model)은 조화로운 일체로 이끌었다. 이론적 지향의 체계적인 통합은 변화 모델의 단계에 의해 주도되었으며, 연구에서 등장한 이후 임상 실제에 적용되었다. 연구와 실제의 통합은 과학자–임상 전문가 혹은 볼더 모델(Boulder model)로는 결코 명시적으로 나타나지는 않았지만, 그냥 자연스럽게 발생했다. 임상에서 개인 심리상담은 실험실에서 모집단에 기반한 개입으로 자연스럽게 통합되었다. 자기변화는 공식적인 심리상담과 통합되었다. 이것은 상반되는 것이 아니라 상호 보완적인 것으로 입증되었다.

Jim은 또한 내가 심리상담사라는 개인으로 연구를 확장하는 것을 지지했다. 우리는 임상심리학자들의 개인적·전문적 특성들에 대한 여러 가지 연구를 수행하였고, 몇 년마다 그 분야의 진화를 계속해서 연대순으로 기록하였다. 이 연구는 종종 통합이나 절충이 미국의 정신건강 전문가들의 양식 지향(modal orientation)이라는 점을 강조했다. 우리의 가장 흥미로운 프로젝트들 가운데 일부는 심리상담사들의 자기변화 경험을 조사한 것이었다. 우리는 심리상담사들이 지향하는 이론들이 그들의 내담자 심리상담에 상당한 영향을 미치지만 실제로 그들 자신에 대한 심리상담에는 영향을 미치지 않는다는 점을 발견했다. 이러한 패턴의 결과는, 다양한 장애를 가진 다른 모집단의 다섯 개의 연구에서도 반복적으로 나타났으며(Norcross & Aboyoun, 1994), 심리상담사들이 자기변화(self-change)에 있어서 상당히 세속적이고 실용적이고 통합적이라는 개념을 지지하고 있다(Prochaska & Norcross, 1983).

통합 그 자체와 관련하여, 그 주제에 대한 공식 교육과정이 URI의 임상심리학 프로그램에서는 제공되지 않았다(내가 졸업한 후 여름학기에 가르치기 위해서 돌아갔을 때까지는). 몇 년이 지나서야 '통합적(integrative)'이라고 스스로 평가하였다. 그러나 더 중요한 것은 연구에 기반한 다원주의와 요구되는 경쟁 패러다임의 부재였다.

대부분의 심리상담자와 마찬가지로(Geller, Norcross, & Orlinsky, 2005), 나의 개인 심리상담은 개인적으로도 보람 있었고 전문적으로도 유용했다. 대학원 수련 기간 중에, 나는 통합적이고 현실적인 정신역동치료사에게 개인상담을 받았다. 나는 그가 정신역동치료사이거나 정신과 의사라는 것에 대해 거의 충돌이 없었다. 대신에, 나는 그가 이른 시간에 만남으로써 회기 비용을 줄여 주는 것과 같은 대인관계적인 관대함과 그의 부드러운 직설을 따뜻하게 떠올린다. 치료 분석이 거의 끝나갈 무렵, 그는 박사 학위 수여 이후 연구 중심의 기관로부터 받은 매력적인 고용 제안을 거절하려는 내 결정을 지지했다. 그 방향은 결국에는 재앙이 되었을 것이다. 연구기관에서는 기본적으로 나의 논문 쓰기와 연구 자금 확보, 계속되는 출판에 관심을 두고, 나의 지속적인 강의, 수퍼비전, 임상 실제에 대한 관심은 무시했을 것이다. 나의 치료사는 내가 원하는 것이 무엇인지를 이해하고 확고히 하는 데 도움을 주었다. 즉, 내가 원했던 곳은 연구비 조달에 대한 생각을 하지 않고, 가르치고, 수퍼비전을 하고, 다양한 영역을 연구하고, 책을 편집하고, 임상 실제를 할 수 있게 하는 중간 규모의 기관이었다.

통합적 수퍼바이저가 되는 나의 경로는 확실히 대학원 수련 과정에서 양성되었지만, 내 원가족과 학부 시절에 뿌리를 두고 있었다. 누군가 전문가가 되고자 하는 동기는, 의식적으로 인정하고 싶어 할지도 모르는 것보다, 그 기원에 있어 덜 학문적이고 더 개인적이다(Demorest, 2004). 개인이 전문가이며, 이러한 역할의 융합—즉, 전문가로서 개인—은 나의 진로와 나의 삶의 전반에 걸쳐 이루어진다.

현재, 박사 후 30년이 넘는 기간 동안, 나는 한 주에 4.5시간을 수퍼비전 한다. 즉, 처음으로 임상 실습을 하는 상급 학부생들과의 1.5시간의 그룹 수퍼비전과 통합적 심리상담에 관심이 있는 박사 후의 심리학자들과 다른 정신건강 전문가들과 하는 3시간의 개인 수퍼비전이다. 나는 후자가 우선순위에 있다는 점을 바로 인정하는 바이다. 나는 얼마나 많이 수퍼비전을 하는가와 누구를 수퍼비전 할 것인지를 결정한다. 그것은 내가 다른 수퍼바이저들에게도 강력하게 추천하는 바이지만, 현장에서 일을 하는 대부분의 수퍼바이저에게 현실적으로 가능하지는 않다.

2) 수퍼바이지 Leah M. Popple

비록 나의 통합에 이르는 길은 여전히 걸음마 단계이지만, 존(JCN)의 버전보다 더 짧은 버전임에도 불구하고 그것은 나의 원가족 배경에서 시작된다. 나는 4남매 중에 둘째로 태어난 첫 번째 딸이며, 1명의 오빠와 여동생, 남동생이 있다. 나는 노동 계급의 부모에게서 태어났으며, 가족 중에 처음으로 학사 학위를 마쳤다. 나는 가톨릭 초등학교, 공립고등학교, 큰 주립대학교를 다녔다. 그러고나서 가톨릭 대학원과 인턴십, 박사후 과정, 그리고 예수회 대학에서 교수직을 갖게 되었다.

Pennsylvania 주립대학에서의 학부 훈련은 나에게 기꺼이 채울 수 있는 끝없는 연구 기회를 제공하였다. 나는 발달심리학, 임상심리학, 사회학, 노인학의 연구 조교로서 일했다. 풍부한 연구 기회와 그들의 분야를 발전시키기를 열망하는 사람들로 가득 찬 훌륭한 대학을 돌아다니며, 나는 내가 원하는 목표가 임상심리학이라는 것과 나 역시 언젠가는 나에게 꼭 맞는 일을 찾을 것이라는 것을 깨달았다. 비록 내가 노인학을 부전공으로 했고, 대학원에서 노령화에 대해 더 집중하고 싶었지만, 그렇게 되지는 않았다. 운명이 개입하여 나의 미래 경로와 임상적 관심을 결정할 것으로 보인다.

나는 작은 가톨릭 기관에서 나의 임상심리학 대학원 수련을 시작했다. 교육과정의 일부로서, 나는 다른 심리상담 학파를 배웠고(즉, CBT, 정신역동, 경험주의), 그런 다음 실습 학생으로서 어떻게 그것들을 나의 첫 내담자에게 적용하는지를 배웠다. CBT는 내 초기 선호 이론으로 드러났고, 처음에는 그것이 진단이나 성격과 상관없이 모든 내담자에게 적합한 것처럼 보였다. 나는 인지 재구성(cognitive restructuring)과 사고 중지(thought stopping)와 같은 전문 기술적 용어들을 사용했던 것을 기억하지만, 내담자들의 요구와 선호를 설명하기 위한 용어는 사용하지 않았다. 나는 심지어 내담자들에게 그들이 심리상담으로부터 원했던 것을 물어본 것이 기억나지도 않는다. 오랜 시간의 접수면접(3~5회기)을 하고 나서야 나는(혹은 나의 수퍼바이저가) 내담자에 대하여 가장 잘 알고 있다고 생각했다. 나는 내담자들에게 심리상담 목표와 관련하여 그들이 무엇을 원하는지를 물어보곤 했지만, 대부분의 내담자는 어떻게 그것들을 조작적으로 정의 내리는지(operationally define, 나의 대학원 프로그램이 선호했던 또 다른 용어임)에 대해 확신하지 못했다. 나는 내담자들에게 심리상담이 그들에게 효과가 있다고 생각하는지 그렇지 않은지를 결코 물어보지 않았을뿐더러, 그들이 받고 있는 심리상담에 대해 만족하는지도 물어보지 않았다. 나는 그것을 전혀 생각하지도 못했고 나의 수퍼바이저들은 그것을 언급하지도 않았다. 이는 나와 내담자들에게 얼마나 불행한 일인가.

나는 결혼을 했고, 13개월 간격으로 연연생 딸들을 낳았다. 그때는 반일제 심리학 박사과정(Psy.D.) 학생으로 나의 신분을 바꾼 시점이었다. 집에서 30마일 반경 이내의 지역 현장 실습만을 고려한 후, 나는 내가 속한 기관의 상담센터에서 첫 번째 실습을 시작했다. 나는 이전에는 대학생들과 작업하는 것을 생각해 본 적이 없었지만, 일단 시작하고 나자 진정한 열정을 발견했다. 또한 대학원 프로그램 밖에서 수퍼비전을 받은 것은 이때가 처음이었다. 아이들과 함께 하기 위해서 4년 반을 쉬고, 나는 운이 좋게도 지역의 Scranton 대학 상담센터에서 반일제 인턴십을 찾았고, 다시 대학생들과 작업했다. 나는 계속해서 시간제 박사후 레지던트를 했고, 레지던트를 수료하자마자 직책을 제안받았다.

박사과정 4년 차에, 나는 임상 수퍼비전 과정을 이수했다. 그 코스를 통해 수퍼비전 분야의 기본을 알게 되었고, 심지어 나는 1~2학년의 대학원생 한두 명을 공동 수퍼비전 하기도 했다. 그러나 불행하게도, 그 코스는 또한 나에게 상실감과 외로움을 남겨 주었는데, 이는 수퍼비전을 하기 위해서나 그 문제에 대해 심리상담을 하기 위해서 그 어떤 의미 있는 구조가 결여되었기 때문이었다.

나는 임상 경험과 통합적 수퍼바이저로의 변화 때문에, CBT나 다른 단일 심리상담은 내가 갈 길이 아니라는 것을 깨닫기 시작했다. 사실 나는 체계적 통합을 필요로 하기도 했고 원하기도 했다. 나는 나다운 내가 되고 체계적으로 심리상담을 모든 내담자에게 맞춤화하는 데 더 많은 자유를 가지면 가질수록 더욱 숙련되고 편안해지게 되었다.

통합의 과정은 나의 내담자들과 나 모두를 위해 명료했다. 심리상담 계획 중에 변화의 단계를 사용하는 것은 필수불가결하며, 나는 수퍼비전을 하는 동안 특정 내담자들에 대해 당혹감을 표현하는 것에 대한 훨씬 더 좋은 대안이 된다는 것을 알게 되었다. JCN은 회기 빈도, 심리상담사의 지시성, 심리상담 밖 작업 등과 같은 것들에 대한 내담자들의 단계와 선호에 맞춰진 다양한 방법을 사용하여 각 내담자들에게 개별적으로 심리상담을 하도록 격려했다. 비록 초기에는 그 과정이 마치 내가 질문 리스트를 체크하는 것처럼 느껴졌지만, 그것은 빠르게 나의 접수면접 회기의 일부가 되었다. 가장 중요한 점은 그것이 효과가 있었다는 것이다! 나는 임상 방법을 선택하고 개인화된 심리상담 관계를 구성하는 데 연구 증거를 기반으로 하기 시작했다. JCN은 내가 내담자들의 진행 과정을 추적하고, 내담자들이 우리의 작업에 만족하는지 그들로부터 피드백을 얻기 위해 계속적인 평가를 실시하도록 가르쳤다. 나는 JCN으로부터 나 스스로를 옹호하고 마찬가지로 내담자들이 그들 자신의 이익을 옹호하는 것을 장려하도록 권한을 부여받았다. 통합은 나와 내담자들에게 동시에 적합하였다.

통합적 수퍼비전은 나로 하여금 기꺼이 수퍼비전에 임하도록 만들었다. '공식적' 훈련이 종결하는 시점의 사람으로서 나는 갈등을 느꼈다. 나는 둥지를 떠날 준비가 되었지만, 한편으로는 첫 도약을 하기는 두렵기도 하였다. 수퍼비전은 눈 깜짝할 사이에 지나가고, 나는 그 시절로 다시 돌아가기를 바라는 나 자신을 발견할 수 있었다(물론 이제야 이것을 알고 있다!).

5. 책을 위한 로드맵

이 첫 장에서 우리는 심리상담 통합을 소개했고, 수퍼비전을 폭넓게 정의했으며, 통합적 수퍼비전에 대한 역사적 배경을 제공하였다. 또한 우리는 전문 통합적 수퍼바이저가 되는 개인적이고 전문적인 경로를 개관하였다.

제2장에서 우리는 통합적 수퍼비전의 필수 영역에 초점을 두는데, 이는 핵심 목표, 고유 기능, 수퍼비전 관계이다. 우리는 좋지 않은 수퍼비전 관계의 부정적인 영향을 간략하게 언급하려 하는데, 그것이 해로운 수퍼비전 관계의 대부분을 차지하기 때문이다. 신뢰하고, 존경하고, 배려하는 관계 없이는 수퍼비전에서 큰 가치가 생기는 것 같지 않다. 우리는 수퍼바이지와 수퍼바이저 모두의 정기적인 상호 평가의 필요성에 대해 논의한다.

제3장에서는 비디오 녹화나, 수퍼비전 과정 노트, 문서화, 병렬 과정과 같은 통합적 수퍼비전의 다양한 방법을 통해 수퍼비전 방법을 안내한다. 통합적 수퍼비전의 독특한 측면은 특정한 수퍼바

이지에 대하여 맞춤화하는 수퍼비전이라는 것인데, 이는 마치 동시에 그 수퍼바이지가 자신의 특정한 내담자들에 대해 심리상담을 맞춤화하는 것과 같다. 우리는 이를 위해 메타분석적인 증거와 수퍼비전의 삼자 관계(수퍼바이저, 수퍼바이지, 내담자) 안의 모든 당사자를 위해 문서화된 성공 사례를 리뷰한다.

제4장에서는 통합적 수퍼비전의 기본적인 사항들을 다룬다. 우리는 다양한 세션에서 추출한 축어록을 통해 전통적인 수퍼비전 세션에서 실제로 무슨 일이 일어나는지를 내부자의 관점으로 바라본다. 우리는 통합적 수퍼비전을 가장 잘 나타내는 발췌문들과 그것이 다른 종류의 수퍼비전과 구별되는 점을 골랐다.

제5장에서는 몇 가지 일반적인 수퍼비전 문제를 다룬다. 이것들은 수퍼비전 갈등과 해결, 어려운 수퍼바이지들, 수련생의 결함, 힘의 차이, 다문화 갈등, 그리고 법적·윤리적 갈등을 포함한다. 심리상담사들은 높은 수준의 일시적 능력 저하(brownout)와 소진(burtout)으로 고통을 받는다. 그래서 제6장에서는 수퍼바이저와 수퍼바이지 모두를 위한 자기돌봄에 중점을 둔다.

제7장에서는 통합적 수퍼비전을 위한 엄청난 양의 연구 지원을 제공한다. 흥미로운 연구에서 통합적 수퍼비전이 일반 수퍼비전보다 더 나은 성과를 낸다는 것을 보여 준다. 마지막 장(제8장)에서는 일반적으로 임상 수퍼비전을 위해 그리고 특수적으로 통합적 수퍼비전을 위해 가능한 미래 방향을 고찰한다.

우리는 APA 수퍼비전 비디오 시리즈와 이 책『통합적 심리상담 수퍼비전의 핵심 가이드(Supervision Essentials for Integrative Psychotherapy)』작업을 진심으로 기꺼이 즐겁게 해 왔다. 우리의 강렬한 목표는 전형적인 수퍼비전의 범위를 넓히고, 통합적 수퍼비전의 문서화된 이점들을 시범 보이고, '너무 어렵다'는 어떤 두려움이라도 없애는 것을 돕고, 다른 이들이 통합의 길로 합류하는 것을 장려하는 것이다. 비록 통합이 모든 맥락에서 쉽고 유용하다고 입증되지는 않지만, 수퍼바이저와 수퍼바이지 모두를 위한 많은 이점을 누군가는 곧 발견하게 될 것이다. 그리고 결국 그것은 모두 향상된 치유(care)에 관한 것이며, 통합적 수퍼비전은 내담자를 위해 향상된 성과를 산출하는 것 같다. 한 현명한 수련생 중 한 명은 이렇게 말하였다. "통합의 이점은 접근법을 배우는 데 따르는 어떤 어려움보다도 훨씬 크다."

제2장

핵심 원리

통합적 수퍼비전은 수련생들의 임상 기술을 향상시키고 이로 인해 내담자들의 임상 성과를 향상시키는 방식에 있어서 각 수련생들에게 맞추기 위해서 다양한 이론적 지향과 축적된 연구 증거들을 활용한다. 이러한 유형의 수퍼비전은 의도적인 병렬 과정이 수반된다. 즉, 수퍼비전을 수련생에게 맞춤화하고, 동시에 수련생들은 각 개별 내담자들의 특정하고 다양한 요구에 심리학적 방법과 치료적 관계를 맞춤화한다. 그러한 연구 정보에 기반한 체계적 수퍼비전은 내담자와 임상가인 수퍼바이지 모두에게 적합하고 효과적이다.

우리는 통합적 접근에 전념하고 있지만, 우리의 수퍼바이지들이 이 접근을 그들을 위해 채택해야 한다고 주장하지는 않는다. 대부분은 채택하지만, 모두가 채택하지는 않는다. 우리의 목적은 반드시 '열성적이고 충성적인' 통합적 심리상담사를 양성하는 것이 아니다(Beutler et al., 1987). 이 계획은 단순히 단일 체계에 대한 강제적인 헌신을 통합적 체계로의 강제적인 전환으로 바꾸는 것인데, 이 변화는 내용에 있어서 다원론적이고 해방적이지만 과정에 있어서는 분명 그렇지 않다. 오히려 우리의 목표는 연구와 일치하듯이 수퍼바이지들이 통합적으로 개방적이고, 창의적이고 종합적으로 사고하고 행동하도록 조력하는 것이다(Norcross, Beutler, & Clarkin, 1990). 수퍼비전에 있어서 정보에 근거한 다원주의, 즉 비판적 상대주의는 결국 우리와 내담자들에게 가장 큰 혜택을 줄 것이다.

이 장에서 우리는 수퍼비전 목표, 과업, 기대, 관계, 평가, 피드백과 같은 주요 원칙들을 풀어낸다. 페이지 제한은 우리로 하여금 전체적으로 통합적 수퍼비전에 관해서 무엇이 특징적인지에 초점을 두게 한다.

1. 목표

임상 수퍼비전의 매력적인 특징은, 비록 힘들기는 하지만 그것의 다양한 목표에 있다. APA(2015) 지침은 수퍼비전을 '수퍼바이지의 전문적 역량과 과학−정보에 기반한 실제를 향상시키고, 제공되는 서비스의 질을 모니터링하고, 대중을 보호하며, 심리상담계에 입문할 때 문지기 기능을 하는 것을 목표로 하는' 구별되는 전문적 실제로 정의한다. 그러나 이것은 네 가지의 야심차지만 때때로 상충하기도 하는 목표이다.

첫 번째 목표를 염두에 두고 먼저 시작해 보자. 임상 서비스의 효과를 증가시키는 방법으로 통합적으로 생각하고 실행하도록 수련생을 성장시킨다. 그러한 목적을 촉진하는 수퍼비전 경험, 방법 및 관계는 무엇인가? 우리는 수퍼바이지들의 생각과 레퍼토리를 확장하기 위해 적극적으로 시도를 한다. Oliver Wendell Holmes 경은 언젠가 "일단 더 큰 아이디어의 차원으로 확장된 생각은 결코 원래의 크기로 돌아가지 않는다."라고 했다.

수퍼비전의 목표는 대부분 수퍼비전이 포함된 임상 훈련의 성격에 따라 달라진다. 주된 선택은 수퍼비전의 목표가 학생들이 단일 심리상담 체계에서 능력을 발휘할 수 있도록 훈련하고, 그 후에 일부 내담자를 보다 적절한 심리상담으로 의뢰하는 것인지, 아니면 그 목표가 수련생들이 직접 다양한 방법과 다양한 양상의 심리상담에 대한 능력의 힘으로 내담자들의 대부분을 수용하는 것인지이다(Norcross et al., 1990). 어떤 통합적 대안이든 아마도 현재의 훈련 패러다임보다는 개선된 것일 것이다.

1) 단일 체계 능력 및 체계적 의뢰

수퍼비전에서 신중하지만 여전히 상당히 통합적인 목표는 해당 치료 체계가 필요한 내담자들과 문제들에 대해 단일 치료 체계(예: 정신역동, 인지적 또는 경험적)에서 학생들의 능력을 확실하게 하고, 그런 다음 해당 치료 체계가 금기되는 내담자들과 문제들을 위해 체계적인 의뢰를 할 수 있는 능력을 보장하는 것이다. 정신건강 전문가들이 그들이 선호하는 체계에서 어떤 내담자들이 최적으로 혜택을 얻을 수 있고, 어떤 내담자들이 그렇지 못하는지 구분할 수 있는 윤리와 재능을 가지고 있다면, 단일의 편안한 이론 체계에서도 효과적으로 기능할 수 있다. 후자 내담자 그룹에게 필요한 서비스를 제공할 수 있는 능력을 갖춘 임상가에게 의뢰하는 것은 체계적으로 이루어질 수 있다.

여기서 수퍼바이저가 해야 할 두 가지 필수적인 과업은 학생들이 그들의 단일 이론에서 각각의 이론적 접근에서의 금기(contraindication)를 인식하게 훈련하는 것과 정보에 근거한 의뢰 결정을 내릴 수 있도록 교육하는 것이다. 단일 이론 체계 옹호자가 다른 접근 방식이 더 적합한 내담자를 포기하도록 돕는 것은 경험적 연구의 처방과 그들의 이론적 투입의 한계 모두에 주의를 수반해야 할 것이다(Norcross et al., 1990). 우리는 다음 장에서 일반적인 수퍼비전 도전들을 다루는 것에 관한 어려운 문제로 다시 돌아가는데, 많은 연구 증거가 있음에도 불구하고 일부 수련생은 그들이 선호하는 이론이 모든 내담자와 문제에 최적으로 도움이 될 것이라고 확신하기 때문이다.

많은 경우 단일 치료 기법을 지향하는 수퍼바이저들은 통합의 목적을 인식하지 않고, 그러한 접근법을 관례대로 고수한다. 종종 '선택 치료'는 공황장애에 대한 노출 심리상담이나 커플 갈등을 위한 결합 회기, 또는 성격장애에 대한 통찰력 중심의 심리상담과 같은 특정 종류의 심리상담과 관련된 것이다. 임상적이고 윤리적인 우려는 편협한 심리상담사들 그 자체가 문제가 아니라, 그 편협함을 그들의 내담자들에게 적용하는 상담사들로부터 비롯된다고 하겠다(Stricker, 1988). 첨언하자면, 순수 형식 또는 단일 이론 심리상담 능력은 통합에 필요한 전제 조건으로, 각각의 유명한 심리상담법에 의해 제공되는—임상 방법, 대인관계 태도 및 연구 결과들과 같은—구성 요소에 의존하기도 한다. 학생들은 통합에 도달하는 데 있어 단일 체계 심리상담에 의존할 수 밖에 없을 것이다. 왜냐하면 결국 모르는 것을 통합할 수는 없기 때문이다.

이 수퍼비전 목표는, 우리 경험에서 볼 때 대부분 석사 과정 중에 있는 수련생들에게는 분명하게 필요하다. 이 과정은 지원자의 평균 60~70%를 받아들이는데(Norcross & Sayette, 2016), 이들의 대부분은 상당량의 학부 과정 코스의 실습이나 선행되는 임상 경험이 없다. 학생들은 대학원 과정의 실습에서 통합의 가치를 확실히 배우게 된다. 그러나 한두 개의 실습 과목이 몇 가지 심리상담 체계의 능력을 보장하기에는 충분하지 않을 것이다. 석사 학위가 끝날 때쯤에는, 무엇이든 다 할 줄 알지만 능숙한 한 가지가 없는 것보다 한 가지 체계를 숙달하는 것이 도리어 최선일 수 있다.

2) 통합의 실제

수퍼비전에서 보다 광범위하고 야심찬 일은 많은 내담자에게 필요한 심리상담을 제공하는 통합적 심리상담에 있어서 학생들의 능력 향상을 목표로 한다. 이 결정에서 결정적으로 중요한 것은 학생들이 여러 모델과 여러 방법을 능숙하게 연습하는 법을 배울 수 있다는 가정이다. 한 특정 심리상담사가 다른 관점에서 도출한 효과적인 방법으로 선택적으로 적용하는 것이 가능하다는 것을 증명하기 위한 풍부한 증거들이 축적되어 있다. 박사 과정은—더 오랜 수련, 더 엄격한 입학 요건, 그리고 현장에서 선행필수 코스 실습을 요구하기 때문에—이러한 유형의 훈련이 가장 가능할 것이다. 비록 야심찬 훈련 목표에 비추어 보아 추가적인 노력이 일반적으로 필요하긴 하지만, 지난 30년간 박사 학위 수준의 심리학 및 정신의학 프로그램에서의 우리 경험은 유능한 통합적 심리상담사를 양성할 가능성이 있음을 확신한다.

이 책의 나머지 부분에서는 보다 야심차고 많은 시간이 걸리는 수퍼비전 목표에 초점을 둔다. 우리는 이 목표가 석사 과정 동안 거의 가능하지 않다는 것을 염두에 두고 있지만, 전념하여 배우는 심리상담사들은 그들의 경력을 통해 배운다. LMP가 그러했듯이, 많은 이는 대학원 교육을 마친 후 통합에 이르게 되었다.

3) 통합적 수퍼비전을 위한 최적의 시기

한편으로 단일 체계 능력과 체계적 의뢰, 다른 한편으로는 통합적 심리상담 능력 사이에서 선택하는 것은 부분적으로 학생들의 전문성 발달의 시간적 순서에 달려 있다. 초보자로서 대부분의 심리상담사는 자신을 규정하고, 불안을 조절하며, 정체성을 확고히 할 수 있는 하나의 이론을 찾는다. 이론의 단일성은 종종 임상적 복잡성에 대한 방어 역할을 한다(Schultz-Ross, 1995). 초보자들은 단일 이론 지향의 방법을 고수하면서 전문적 지식이 적을 때의 순진한 안정감을 느끼지만, 그러한 안심은 어떤 단일 접근 방식이라도 임상적 한계가 있다는 것을 알게 되면서 불가피하게 오래가지는 않는다. 우리가 어떤 것을 매뉴얼화한다면, 그것은 유연성과 효과가 있어야 한다는 것이다(Butler, 1999).

초기의 그리고 강력한 합의는 통합적 관점의 정교한 채택이 특정 심리상담 체계와 그에 수반되는 방법을 배우고 나서 일어난다는 것이다(예: Andrews, Norcross, & Halgin, 1992; Beutler et al., 1987; Halgin, 1988; Norcross et al., 1986). 따라서 대학원의 실습을 시작할 때에는 수퍼비전이 주로 단일 체계 심리상담과 체계적인 의뢰 능력에 초점을 맞출 것이고, 반면에 전문성 발달의 후반 단계에서 수퍼비전은 통합적 실제를 선택할 것이다. 통합적 심리상담은 아마도 임상실무가들에게 더 높은 수준의 인지적 복잡성, 임상 경험 그리고 모호함에 대한 내성을 요구한다.

하지만 그렇다고 해서 통합이 훈련이나 수퍼비전의 일련의 과정에서 후반까지 기다려야 한다는 것을 의미하지는 않는다(Ziv-Beiman, 2014). 처음부터 학생들은 심리상담 접근들의 상대적인 기여에 관한 실체를 최소로 판단하고 있더라도 모든 심리상담 접근법에 노출되어야 한다. 이론적 패러다임은 잠정적이고 설명적인 개념으로 소개될 것이고, 경험 수준, 목표 및 방법론을 달리한다. 여러 가지 심리상담 체계가 비판적이지만 비교와 통합의 패러다

임 안에서 제시될 것이다(Prochaska & Norcross, 2013). 따라서 통합
체계와 정보에 근거한 다원주의가 훈련 초기에 도입되고(Halgin,
1985), 공식적인 통합적 수퍼비전은 일반적으로 일련의 과정에서
나중에 이루어질 것이다.

심층 구조 통합에는 상당한 시간이 걸릴 것이고, 아마도 심리
상담사가 수년간의 임상 경험을 가진 후에야 이루어질 것이다
(Messer, 1992). 전문 심리상담사는 초보자가 하는 것보다 의미상으
로 그리고 개념적으로 더 깊은 차원에서 자신의 영역을 나타낸다.
심층 통합을 이루기 위해서는 심리상담 통합에 대한 개념적 학습이
필수적이지만 충분하지는 않다. 심리상담사들이 보다 깊은 수준에
서 통합하는 것은, 그들이 우선은 각각 개별 심리상담 방법 내에서
이해하고 통합한 후에 다른 심리상담 전반에 걸쳐 이룰 것을 요구
한다. 임상 경험과 그 경험에 대한 훈련된 성찰이 필요하다.

다시 말해, 통합은 초보자와 전문 심리상담사가 차별적으로 접
근할 수 있는 두 가지의 일반적인 형태를 취할 수 있다(Schacht,
1991). 첫번째 형태는, 초보자가 접근할 수 있는 형태로, 교육과정
에 내용을 추가함으로써 교육 영역에 들어가는 개념적인 성과를
강조한다. 두 번째 통합의 형태는 주로 더 경험이 많은 심리상담사
들에게 제한되어 제공되는데, 특별한 사고 양식을 강조한다. 이러
한 형태는 능숙한 수행과 창의적인 메타인지적 기술을 향상시키는
축적된 경험과 수퍼비전 경험에 의해 교육 영역에 들어가게 된다.

우리 생각에 통합적 수퍼비전은 수련생들이 이론과 기법의 범위
에 어느 정도 익숙해져, 최소 2년의 임상 경험이 있으며, 최소한 한
심리상담 체계에서 초기 능력을 습득한 것으로 가정을 한다. 그런
다음 다른 심리상담 선택의 기초적인 이해를 하게 되면서 통합적

수퍼비전이 유익해진다.

4) 무엇이 통합되는가

간단하게 이 시리즈의 다른 책들과의 비교해 볼 때, 우리는 주로 심리상담의 다양한 체계의 통합을 다룬다. 그러나 통합적 심리상담 계획은 기법들이나 이론들의 혼합보다 훨씬 더 포괄적이며 복잡하다. 통합적 공식화와 계획은 다양한 영역에 걸쳐서 일련의 순차적이고 다단계의 결정들로 구성된다. 즉, 심리상담을 제공할 것인지의 여부, 심리상담 세팅, 심리상담 강도, 임상 구조화, 관계의 질, 약물치료의 가치, 그리고 물론 전략과 기법의 선택으로 이루어진다(Beutler, Clarkin, & Bongar, 2000). 이것은 특정 내담자들을 위해 최고의 심리상담이 무엇인지에 대한 복잡하고 순환적인 의사결정 매트릭스이다.

그런 점에서 문헌과 강의실에서 자조와 심리상담을 통합하는 것, 연구와 실제를 통합하는 것, 서양과 동양의 관점을 통합하는 것, 사회옹호와 심리상담을 통합하는 것 등에 대해 언급되는 것을 일상적으로 접하게 된다. 이 모든 것은 실제로 칭찬할 만한 추구이지만, 우리는 이 책에서는 다양한 이론적 지향의 통합으로서 전통적 의미의 통합으로 제한한다.

2. 과업과 기능

수퍼바이저는 어떤 한 회기나 여러 회기의 수퍼비전 과정에서

유연하고 생산적으로 강사, 교사, 사례 검토자, 동료, 감시자, 지
지자, 멘토, 심지어 심리상담사의 역할도 담당하기도 한다(Hess,
1980). 수퍼비전에 대한 관련 문헌에서는 신뢰할 수 있고 지지적인
관계와 평가 기능(등급 매기기, 교정적 피드백 주기)의 균형을 맞추는
이러한 능력은 응원자 대 문지기로서 특징지어진다. 이러한 공통
적인 역할 외에, 우리는 통합적 수퍼바이저들에게 상대적으로 특
정적인 다양한 다른 기능들을 확인할 수 있다.

1) 연구에 대한 존중 기르기

통합적 훈련 중에 실제와 과학을 섞는 것은, 이론적 나르시시즘
에 의지하여 특정 내담자들에 대한 임상 방법과 대인관계적 입장
의 심리상담 방법을 선택하도록 하는 것보다 성과 연구에 기반하는
경향이 있는 한 세대의 심리상담사들을 양성해 낼 것이다(Meltzoff,
1984). 통합적 수퍼비전의 최종 결과는, 우리가 바라건대, 내담자들
에게 열린 마음과 경험적 성향, 인간 행동의 필연적인 복잡성에 대
하여 그들의 개입을 맞춤화하는 데 끊임없는 헌신을 가지고 있고
지식을 갖춘 심리상담사들일 것이다.

이를 위해 우리는 '무엇이 효과가 있는지'와 무엇이 특정 환자
에게 가장 효과가 있을지에 대한 많은 읽을 자료를 수퍼바이지들
에게 권한다. 수련생이 아직 익숙하지 않은 경우, 증거 기반 평가,
방법, 원칙, 관계 및 스스로 돕는 자조에 대한 자료들을 소개한다
(예: Castonguay & Beutler, 2017; Hunsley & Marsh, 2008; Nathan &
Gorman, 2015; Norcross, 2011; Norcross, Campbell, et al., 2013). 이
러한 자료들은 발달하고 진화하기 때문에, 우리는 수련생들이 일

련의 핵심 증거 기반 실제 기술들을 사용함으로써 효과적인 방법
에 대한 지식 기반을 효율적으로 살피는 과정에 익숙하게 한다. 한
가지 유용한 기억을 돕는 연상 기호(Norcross, Hogan, koocher, &
Maggio, 2017)는 AAA TIE('트리플 에이 타이'로 발음 가능)이다.

① 구체적이고 임상적인 질문을 하기(A: Asking)
② 가장 유효한 연구를 이용하기(A: Accessing)
③ 그 연구 증거를 비평적으로 평가하기(A: Appraising)
④ 그 연구를 특정 내담자의 실제에 옮기기(T: Translating)
⑤ 임상가의 전문성과 내담자의 특성, 문화, 선호를 그 연구와 통
   합하기(I: Integrating)
⑥ 전체 과정의 효과를 평가하기(E: Evaluating)

2) 초(超)진단적인 내담자 특성 평가하기

심리상담은 심리상담 방법 선택이 주로 비교 성과 연구에서 발
췌한 심리상담을 해야 하는 경우와 하지 말아야 하는 경우에 기반
할 정도로 발달해 왔다. 따라서 수퍼비전의 중심 과업은 훈련생들
이 필요한 변화 전략들을 선택하고 적용하기 위해 이러한 다양한
내담자 표시들에 대한 충분한 정보를 수집하도록 도움을 주는 것
이다. 이러한 전략들은 심리상담 방법뿐만 아니라 평가 절차, 치료
관계, 심리상담 구조화 등에 관한 것임을 기억할 것이다.

전형적으로 통합적 수퍼바이저는 효과적인 심리상담을 이끄는
임상적 평가를 매우 중시한다.

그러한 평가는 심리상담 초기에는 가장 효과적일 것 같은 심리

상담 방법과 심리상담 관계를 선택하기 위해서 이루어지고, 심리
상담 중에는 내담자의 반응을 관찰하고 필요하다면 조정하기 위해
서 실시되며, 심리상담이 끝날 때는 전체 심리상담 성과를 평가하
기 위하여 실시된다. 그래서 평가는 지속적이고 협력적이다.

　내담자에 관한 임상 평가를 수퍼비전 하는 것은 한 가지 중요한
예외를 제외하고는 비교적 전통적이다. 평가 인터뷰는 제시되는 문
제들, 관련된 역사들과 심리상담 기대와 목표뿐만 아니라 작업동맹
형성에 대한 정보를 수집하는 것을 수반한다. 심리학자로서, 우리
는 또한 전형적으로 추가 정보를 확보하고 임상 및 성격 장애를 확
인하기 위한 수단으로 심리 검사를 사용한다. 우리는 증상 평가 양
식(예: Beck Depression Inventory-II, Symptom Checklist-90-Revised)
과 광범위한 병리 및 성격 측정 도구[예: Minnesota Multiphasic
Personality Inventory-II(MMPI-II), Millon Clinical Multiaxial
Inventory-III(MCMI-II)] 등 모두를 사용하도록 권장한다.

　통합 작업을 위한 평가가 일반 평가와 다른 한 가지 방법은 우리
가 적합한 심리상담 방법을 선택하도록 이끄는 다양한 내담자 특
질에 대한 정보를 수집하는 것이다. 사실 빠르게 실시하는 회기 내
평가 및/또는 내담자를 위한 컴퓨터 기반 평가는 치료 계획의 발달
을 강화시킨다. 영향을 줄 수 있는 내담자, 상담사, 치료 방법 그리
고 세팅 변수의 수천 가지 가능한 조합이 있기 때문에(뒤에서 개괄
하는 바와 같이), 심리상담 성공에 영향을 주는 제한된 수의 내담자
특질을 확인하기 위해 우리는 주로 경험적 연구를 기반으로 하고,
구별되는 심리상담 반응을 가장 잘 예측하는 특질들에 대한 집중
평가를 사용하여 수퍼비전을 실시한다.

　그래서 통합적 수퍼비전은 심리상담 초기의 진단 평가에 대하

여, 특히 초(超)진단적 내담자들의 표시, 즉 증상들에 대하여 지도를 한다. 현대 의학의 아버지인 William Osler 경(1906)에 따르면, 그것은 '환자가 어떤 종류의 질병을 가지고 있는가보다, 어떤 종류의 환자가 질병을 가지고 있는가를 아는 것이 훨씬 더 중요하다.' 메타분석에 의해 판단되는 최소한 일곱 가지의 강력한 내담자 특징들은 특정 치료와 관련된 방침을 제시하는데, 이 일곱 가지 특징은 일차 진단, 치료 목표, 반응성 수준, 변화 단계, 대처 스타일, 문화, 선호성이다. 우리의 경험상, 개인 수퍼비전 1년 과정(50회기)은 보통 이 특징들의 네 가지를 다루며, 실전에서 수퍼바이지들을 평가할 때는 그들이 편안함과 능숙함을 습득하도록 돕는다. 따라서 수퍼바이저의 과업은 당면한 사례와 수퍼바이지들의 요구와 환경에 가장 관련 있는 내담자의 특질을 정확하게 평가하는 효율적인 방법을 교육하고, 코칭하고, 실습시키는 것이다.

3) 통합적 심리상담 시행하기

일단 수퍼바이지가 이러한 초진단적 내담자들 표시에 대한 충분한 정보를 수집하고 나면, 수퍼비전의 과업은 수련생들이 필요한 심리상담 방법과 대인관계적 입장을 시행하도록 돕는 것이 된다. 여기 메타분석 연구와 몇 가지의 이러한 내담자 심리상담에 적합한 것에 대해 나타난 구별되는 반응들에 대한 요약이 있다(전체 내용은 Norcross, 2011의 메타분석 참조).

(1) 반응성 수준

반응성은 쉽게 도발되고 외부 요구에 반대로 반응하는 것을 일컫는 안정적인 성격 특성이다. 그것은 순응(낮음)에서 저항(높음)까지 정규적으로 분산된 연속체상에 존재한다. 예상한 대로, 높은 수준의 내담자 반응성이나 저항은 더 형편없는 심리상담 성과와 항상 관련이 있지만(연구의 82%), 심리상담사의 지시성을 내담자의 반응성과 연결시키는 것은 심리상담 성과를 매우 향상시킬 것이다. 특히 높은 수준의 반응성을 보이는 내담자들은 자기통제 방법과 최소의 심리상담사 지시성, 역설적 개입으로부터 더 많은 심리상담 혜택을 받는다. 반대로, 낮은 반응성을 가진 내담자들은 심리상담사의 지시성과 분명한 지도로부터 더 많은 심리상담 혜택을 받는다. 이 강력하고 일관된 결과는 평균 0.76의 큰 효과 크기(d)로 표현될 수 있다(Beutler, Harwood, Michelson, Song, & Holman, 2011). 최적으로 유능한 수퍼바이지들은 얼마나 지시적일 수 있는가? 그것은 내담자들, 특히 그들의 반응성 수준에 달려 있다고 할 것이다.

(2) 변화 단계

또한 예상한 바와 같이, 내담자들이 심리상담에서 진전한 정도는 변화의 전처리 단계(숙고 전, 숙고, 준비, 실행, 유지)의 직접적인 기능인 경향이 있다. 39개의 심리상담 연구(Norcross, Krebs, & Prochaska, 2011)의 메타분석 결과, 평균 효과 크기(d)는 0.46으로 나타났고, 변화의 단계가 심리상담의 성과를 안정적으로 예측하고 있음을 알 수 있다.

더 중요하게는 행동의학과 심리상담에 관한 연구에서 변화의 다른 과정이 증상 특정 단계에서 차별적으로 효과적이라는 것을 보여 주고 있다. 이는 변화 단계와 변화 과정의 관계를 살펴본 47개 연구의 메타분석(Rosen, 2000)에서 큰 효과 크기(d=0.70, 0.80)가 있는 것을 통하여 확인할 수 있다. 즉, 심리상담을 내담자의 변화 단계에 맞추는 것은 장애 증상 전반에 걸쳐 성과를 상당히 향상시킨다(Prochaska & Norcross, 2013). 행동 지향 치료는 준비 또는 실행 단계에 있는 개인에게 상당히 효과적이다. 그러나 이러한 동일한 심리상담법이 숙고 전 단계와 숙고 단계에 있는 개인에게는 덜 효과적이거나 심지어 해가 되는 경향이 있다.

(3) 대처 스타일

이 연구는 주로 외현화(충동적, 자극 추구, 외향적) 및 내면화(자기비판적, 억제된, 내향적) 대처 스타일에 집중되어 왔다. 이 영역을 조사한 연구의 약 80%가 내담자 대처 스타일의 상관적 요소에 따른 심리상담 유형의 차별적인 효과를 입증했다. 1,000명 이상의 내담자를 대상으로 한 연구 12건의 메타분석 결과, 심리상담자의 방법을 내담자의 대처 스타일에 맞추는 것에 대하여 중간 효과(d=0.55)가 나타났다(Beutler et al., 2011). 대인관계 및 통찰력 중심 심리상담은 내면화하는 내담자들한테 더 효과적이지만, 증상 중심 심리상담과 기술 형성 심리상담은 외면화하는 내담자들 가운데 더 효과적이다. 이 패턴은 아동 내담자들에게 잘 나타나지만(예: 내면화하는 우울한 여자아이 대 외현화하는 지나치게 활동적인 남자아이), 메타분석을 수행한 성인 내담자들 사이에서는 잘 나타나지 않았다.

(4) 선호

심리상담 목표는 달성될 수 있는 것을 구체적으로 명시한다. 반면, 선호는 그러한 목표가 어떻게 가장 잘 달성될 수 있는지를 구체적으로 명시한다. 내담자들의 선호는 자주 그 사람에게 최고의 심리상담 방법과 치유 관계의 직접적인 지표가 될 수 있다. 수십 년간의 경험적 증거는 내담자의 관계적 및 심리상담의 선호를 진지하게 고려하는 것 그리고 적어도 이를 시작하는 것의 이점을 입증한다. 35개 연구의 메타분석은 내담자들이 선호하는 심리상담을 했던 내담자의 심리상담 성과와 선호하지 않는 심리상담을 했던 내담자들의 심리상담 성과를 비교했다. 연구 결과는 선호에 맞춘 내담자들에 대해 중간 크기의 긍정 효과($d=0.31$)를 나타냈다. 선호에 맞춰진 내담자들은 심리상담을 중단할 가능성이 1/3이나 적은데, 이는 실제로 강력한 효과이다(Swift, Callahan, & Vollmer, 2011).

이 책의 뒷부분에 제시된 수퍼비전 세션의 축어록은 우리가 내담자들과 종결에 대해 논의한 것인데, 이는 선호의 중요성을 수퍼바이저와 수퍼바이지 모두에게 절실히 느끼게 한다. 종료 회기에서 내담자 선호의 힘을 이야기한다. 내담자는 수퍼바이지-심리상담사(LMP)에게 자신이 선호하는 것을 수용하지 않았다면 상담을 중단했을 것이라고 알려 준다.

(5) 문화

8,620명의 내담자를 포함하는 65개 연구의 메타분석은 기존의 비조정된 심리상담법 대 문화적으로 조정된 심리상담 방법의 효과를 평가했다. 이 연구에서 가장 빈번한 조정 방법은 문화적 내용과 가치를 통합하고, 내담자가 선호하는 언어를 사용하며, 유사한 민족의 심리상담사들을 연결시키는 것이었다. 그 결과는 문화적으로 맞춰진 심리상담을 받는 내담자들에게서 긍정적인 효과($d=0.46$)가

나타났다(Smith, Rodriguez, & Bernal, 2011). 문화적 '적합'은 윤리적 책임뿐만 아니라 증거 기반 실제로서도 효과가 있다.

이러한 내담자 표시들은 처방적 지침뿐만 아니라 규범적 지침을 제공하며, 다양한 심리상담 방법의 사용과 대인관계적 입장을 요구한다. 예를 들어, 반응성에서 처방적 개입은 상담사의 지시성 정도를 내담자의 반응성에 맞추는 것이다. 규범적인 개입은 높은 수준의 내담자 반응성을 높은 수준의 상담사 지시성과 만나게 하는 것과, 가능성이 낮기는 하지만 낮은 수준의 내담자 반응성을 낮은 수준의 심리상담사 지시성과 만나게 하는 것을 피하는 것을 함의한다.

수련생들은 물론 그들 자신의 성격, 선호 그리고 선행 경험들을 가지고 수퍼비전에 들어간다. 이들은 아마도 대개 자신들의 내담자의 요구를 수용하는 것 같다. 그들이 내담자들에게 가장 효과적인 것을 평소에 제공하도록 돕는 것은, 무엇이 그들에게 가장 편안한지에 비해 중요하게 수퍼비전 시간의 대부분을 차지하게 된다.

강조한 바와 같이, 이러한 내담자 전체에 대한 반응적 적합성은 장애 Z에는 치료 방법 A(Treatment Method A to Disorder Z)의 역사적 연결보다 훨씬 더 강력한 것으로 드러난다. 바로 앞에서 확인한 바와 같이, 이러한 초진단적 특징들에 맞춤화하는 것에 대한 일반적인 효과 크기는 0.50~0.80 범위에 있는 반면, 특정 장애에 대한 특정 치료 방법의 차별적 효과는 0(멸종된 도도새와 같은 결과, 즉 효과 없음을 의미)과 기껏해야 0.20이다(Wampold & Imel, 2015).

4) 관계 촉진하기와 추적하기

개별 내담자에 맞춰 심리상담을 조정하는 것에 대한 연구 결과의 큰 효과는 치료적 관계에서의 강력한 효과와 견줄 만하다. 단, 후자는 주로 상관관계 연구인 반면에, 맞춤화 또는 상담자-내담자 적합 연구들은 주로 통제, 실험 연구라서 인과론적 결론을 가능하게 한다.

사실상 모든 수퍼바이저와 수퍼바이지는 그들이 사실상 모든 통합적 수퍼바이저가 그렇듯 강력한 수퍼비전 및 심리상담적 관계를 제공한다고 주장할 것이고, 우리는 이를 진심으로 믿는다. 그러나 중요한 반전은 많은 통합적 수퍼바이저는 ① 그러한 관계에서 무엇이 효과적인지를 구체적으로 확인하고, ② 알려진 대로 강한 관계를 공식적으로 추적하며, ③ 그러한 관계를 특별히 상대방에게 맞춤화한다는 것이다. 우리는 이 책의 후반부에서 이러한 요소들에 대해 더 많은 것을 말할 것이지만, 지금은 심리상담적 관계와 수퍼비전 관계 모두에 대해 작업하는 일반적인 방식과 상당히 다른 새로운 시도에 대해 몇 마디 언급하고자 한다.

나(JCN)는 수퍼바이지들에게 그들의 어떤 행동이 특히 치료적 관계에 도움이 되는지 구체적으로 명시하라고 자주 요청한다. 내 경험으로 볼 때, 그들은 종종 이 요청에 대해 어리둥절해하며, 전형적으로 Rogers식 촉진적 조건이나 '동맹'을 웅얼거리듯 말한다. 그 다음에 우리는 수퍼비전에서 그들이 대답한 것들을 형성할 수 있도록, 그리고 메타분석 연구에서 효과가 있는 것으로 입증되어 온 관계적 행동들을 조심스럽게 함양할 수 있도록 돕는다(Norcross, 2011). 여기에는 그 중에서도 다음과 같은 것들이 포함된다.

- 청소년 및 성인 심리상담에서의 동맹: 주로 상담사와 내담자 사이의 긍정적인 감정의 유대관계를 기반으로 하는 상담사

와 내담자 사이에 나타나는 동반자 관계와 심리상담의 목표
에 합의하고 과업에 대한 상호 합의를 이끌어 내는 그들의 능
력(Horvath, Del Re, Flückiger, & Symonds, 2011; Shirk & Karver,
2011)

- 커플 및 가족치료에서의 동맹(Friedlander, Escudero, Heatherington,
  & Diamond, 2011)
- 집단치료에서의 응집성(Burlingame, McClendon, & Alonso, 2011)
- 공감(Elliott, Bohart, Watson, & Greenberg, 2011)
- 목표 합의(Tryon & Winograd, 2011)
- 협업(Tryon & Winograd, 2011)
- 긍정/긍정적 존중(Farber & Doolin, 2011)
- 작업동맹 불화 회복(Safran, Muran, & Eubanks-Carter, 2011)

비록 연구자들이 이 모든 관계적 행동을 동시에 연구할 수는 없
고 그것들에는 상당한 중복이 있지만, 이러한 관계적 행동들이 심
리상담 성공의 중요한 예측 변수이자 기여 요인이라는 것은 명백
한 사실이다. 수퍼비전을 위해 더 중요한 것은, 그것들은 확인될 수
있고, 대부분 가르쳐질 수 있으며, 수퍼비전 세션 내에서 양성될 수
있다는 것이다. 또한 이러한 행동들은 강력한 수퍼비전 관계를 만
들고 유지하는 데 중요한 역할을 한다.
수퍼비전을 시작하는 많은 학생은 내담자들과의 관계가 예외적
으로 긍정적이라고 문서로 명료화하기보다는 대개 그렇다고 가정
을 한다. 마찬가지로, 많은 동료 수퍼바이저는 그들의 첫 번째이자
주된 과업이 그들의 수퍼바이지들과 견고한 동맹을 만드는 것이라
고 한다. 그러나 이러한 진술은 객관적으로 문서로 증명되거나 평

가되는 경우는 드물다. 통합적 수퍼비전에서 우리는 세션에서 이러한 관계의 상태와 진행 상황을 명시적으로 증거들을 기반으로 추적하는 것을 선호한다.

우리는 수퍼바이지들에게 주기적으로 그들의 내담자들로부터 피드백을 수집하라고 요구하고, 수퍼바이저로서 우리도 똑같이 그렇게 한다. 수퍼바이지는 표준화된 척도와 예상되는 심리상담 반응을 통해 내담자 정신건강의 필수적 징후를 체계적으로 모니터링한다. 이 모니터링의 결과는 바로 수퍼바이지들에게 실시간으로 피드백되며 내담자와의 세션에서도 논의되도록 한다.

피드백 방법이 심리상담 성과에 미치는 영향에 대한 9개 연구의 메타분석 결과 0.49~0.70 사이의 효과 크기(d)가 나타났다(Lambert & Shimokawa, 2011). 심리상담에서 내담자의 악화율은 고위험군 내담자들에 대한 경고 신호와 함께 내담자 피드백을 사용했을 때 2/3만큼 감소되었다. 이러한 모니터링은 작업동맹의 불화를 회복하고, 동기를 강화하며, 조기 종결을 줄일 수 있는 기회를 증가시킨다. 체계적인 피드백은 수퍼바이지가 진행 중인 심리상담의 실패 가능성을 확인하게 하고, 긍정적인 성과를 회복할 때 내담자와 함께 협업하도록 돕는 데 있어 특히 유용하다.

이제 최소한 10개의 피드백 시스템이 일상적으로 돌아가는 심리상담에서 사용할 수 있으며(Hilsenroth, 2015 참조), 이에 더하여 수십 개의 수퍼비전 관계 설문지가 발표되었다(Bernard & Goodyear, 2014, 부록 참조). 우리는 이에 대하여 다음 절에서 우리가 선호하는 방법인 축어록을 이용하여 설명하고 실증하고자 한다.

마지막으로, 통합적 수퍼비전은 수퍼비전 관계를 더 많은 수퍼바이지 특징에 맞게 조정함으로써 대부분의 수퍼비전 형태와 다를

수 있는데, 이런 수퍼바이지 특징들은 내담자의 진단/문제 목록이
나 수퍼바이지의 경험 수준뿐만 아니라 수퍼바이지의 변화 단계,
반응성 수준, 문화 등과 같은 것들 전부에 관한 것이다. 통합적 수
퍼비전의 궁극적인 목표는 내담자와 수퍼바이지의 역량 모두의 성
과를 향상시키는 방식으로 개별 수련생들에 대한 접근을 맞춤화하
는 것임을 명심하기 바란다. (여기서는 일종의 티저 광고처럼 조금만
다루고, 다음 장에서 수퍼비전을 개인차에 맞춰 조정하는 것에 대해 더
자세히 설명하도록 하겠다.)

5) 수퍼바이지의 실망을 이해하고 관리하기

수퍼비전의 초기에, 즉 첫 만남부터 시작해서, 우리는 통합적 작
업을 착수하는 것에 대해 수퍼바이지들이 가질 만한 실망들을 미리
제기한다. 이것은 통합적 수퍼비전의 핵심적이고 특징적인 일이다.
Heide와 Rosenbaum(1988)은 14명의 심리상담사를 대상으로 심
리상담에서 단일 이론 대 통합 이론 모델을 사용한 경험에 대하여
설문조사를 실시했다. 그들의 연구 결과는 우리 수련생들의 잦은
우려를 잘 예측하고 있다. 그러나 예측과는 다르게, 그 두 가지 조
건은 자기보고된 수퍼바이지의 불안에서는 차이가 없었다. 즉, 단
일 이론을 사용할 때, 심리상담사들은 훨씬 더 자기통제적이고, 관
습적이고, 정확하며, 말을 삼간다고 보고했다. 그러나 결합 또는
통합 모델을 사용할 때, 그들은 더 상상력이 풍부하고, 모험심이 많
고, 즉흥적이며, 변화 가능했다고 말했다. 그것은 또한 통합적 수
퍼비전에 대한 우리의 생각이다. 즉, 더 창의적이고, 모험적이고,
변화 가능하며, 더 효과적이어야 한다는 것이다.

그러나 이론적 설득의 충돌이 모험의 고리가 된다면, 그것은 또한 가끔 불균형처럼 들린다. 우리는 이러한 불균형의 근원 중 몇 가지를 우리가 자주 듣는 방식으로, 즉 심리상담 정체성과 능력에 대한 불안한 위협이라고 표현할 것이다(Norcross, 1990).

- "하지만 어느 한 지점에서 이 많은 길 중에 어떤 것을 선택해야 할까?" 수련생들은 행동을 촉진해야 하는가, 아니면 정신적 내용을 탐구해야 하는가? 비합리적인 인식에 도전해야 하는가, 아니면 이해해야 하는가? 실제 관계에 대해 연구해야 하는가, 아니면 예상되는 관계에 대해 연구해야 하는가? 혹은 세션 중에 공감해야 하는가, 아니면 방향을 전환해야 하는가?(Messer, 1992) 물론 이러한 선택은 표현된 것처럼 이분법적이거나 또는 그중 어느 한 가지는 아니다. 그럼에도 불구하고 스타일의 변화는 정체성의 변화, 일종의 변형을 의미한다(Rosenbaum, 1988). 통합적 수퍼비전과 통합적 실제 모두 단일 세션 내에서, 여러 세션에 걸쳐 변화들을 수반한다. 동일한 내담자와의 세션에서도, 또는 다른 내담자들과의 세션 간에서도 그러하다. 그 결과 불안과 당혹감이 생길 수 있으며, 때로는 명확하게 표현되기도 하지만 보통은 그렇지 않다. 그러나 일단 수퍼바이지들이 심리상담 선택에는 체계적이고 연구 정보에 근거한 구조가 있다는 것을 이해하게 되면, 이러한 우려는 몇 주 안에 줄어들게 된다.
- "그냥 너무 힘들어요!" 수련생들과 수퍼바이저들 모두 다 추가 작업과 정신적으로 많은 노력을 쏟아붓는 것에 대해 불평을 한다. 공을 좌우 양쪽으로 다 칠 수 있는 야구 타자와 2개 국어

를 구사하는 아이와 다르지 않은 통합적 수퍼비전 수련생들은 장기적으로 보다 유연하고 포괄적인 기술을 얻기 위해 단기적으로는 이중 의무를 수행한다.

• "오늘이 수요일이고 오후 5시라면, 이것은 인지행동치료임에 틀림없어!" 이는 소용돌이치는 듯한 유럽 여행과 마찬가지로, 다양한 심리상담 커뮤니티를 자주 방문하는 것은 상당한 신체적 힘과 정신적 무장을 필요로 한다.

• "아, 이런 종류의 심리상담을 하는 건 싫어요!" 상담사들은 어떤 심리상담에 대하여, 다른 심리상담만큼 개인적으로 애착을 갖지 않거나 편치 않아서, 심지어 해당 심리상담 능력을 통제하기도 한다. 몇몇 심리상담 방법과 관계는 수퍼바이지들에게 단순히 '적합'하지 않기도 한다. 그러므로 그들은 특별히 그것을 즐기지 않더라도, 관계 입장을 채택하거나 주어진 내담자에 대해 필요한 심리상담 방법을 시행하도록 요구받는다.

• "나는 모든 것을 할 수 있지만, 어느 것에도 달인이 되지 않는다." 인용된 이 통합의 약점(Norcross & Prochaska, 1988)은 우리가 기꺼이 수용하는 정체성은 아니지만, 다른 고정관념과 마찬가지로 조금은 진실이기도 하다. 이것은 깊이와 폭 사이의 본질적인 갈등에 관한 것이다. 다양한 능력을 확립하는 것을 목표로 하는 것의 분명한 단점은 단일 능력에서보다 더 오랜 기간 더 포괄적인 훈련을 필요로 한다는 것이다. 수퍼바이지가 여러 가지 심리상담의 역량 획득이 늦어지면 더 좌절감을 느끼기 쉽다. 통합적 심리상담의 결과로 효능과 적용 가능성이 향상될 것이라는 미래 약속은 때로는 수퍼바이지들보다 수퍼바이저들에게 더 어필이 되고, 수퍼바이지들에게는 막연

한 약속이 될 수도 있다.

- "나는 여기 혼돈 속으로 내 자신을 개방하고 있다! 무슨 일이 일어날 수 있는지 누가 알겠는가." 차별적 실제의 모호함과 불확실성은 감정적으로 소모적일 수 있다(비록 신기하고 자발적이더라도). 임상 경험은 순수형 상담(pure-form-therapy)이기에 일률적으로 실시되는 것처럼 예측 가능하고 통제되지는 않을 것이다. 수퍼바이지들은 그들 자신의 시도가 어색하고 파괴적인 것으로 드러날 수 있다는 점에 크게 실망할 수도 있다(Wachtel, 1991).

더 넓은 의미에서, 이런저런 문제점들은 통합적 수퍼비전에 관한 두 가지 중요한 문제를 강조한다. 첫째, 그러한 실제와 수퍼비전은 다양한 역전이 반응을 일으키며 임상가에게 희생을 요구할 수 있다(Halgin & McEntee, 1993). 통합적 실제는—'세계들이 충돌할 때'—감정적 반응이 발생하는 데 보다 비옥한 토대를 지원한다. 둘째, 통합적 수퍼비전을 선택하기 위해서는 통합 과정의 일부분인 비용-편익 분석이 필요한데, 즉, 지적 도전 대 내부 갈등, 만족스러운 개방성 대 불안한 모호성과 같은 것에 대한 분석이다. 그것은 또한 통합적 수퍼비전이 이미 광범위한 이론과 기술에 노출되어 있고 적어도 하나의 심리상담 체계에서 적어도 2년의 임상 경험과 초기 능력을 가지고 있는 수련생들에게 필요하다는 우리 주장의 논거이기도 하다. 통합의 여정은 매우 험난하다. 초보자들이 발달 초기에 통합적인 작업에 뛰어들기를 기대하는 것은 비현실적이다. 통합적 수퍼비전은 안일하게 혹은 초보자와 함께 시도되어서는 안 된다!

3. 기대 설정

우리가 수련생들에게 그들의 내담자들에 대한 심리상담 선택에 있어서 상대적으로 해도 되는 것들과 하지 말아야 할 것들을 확인하라고 주장하는 바와 같이, 우리는 통합적 수퍼비전에 대해서도 해도 되는 것들(indications)과 하지 말아야 할 것들(contraindications)을 확인하는 것에 대해 마찬가지로 단호하다. 이것은 통합적 접근 방식이 많은 한계를 가지고 있다는 점을 말하려는 것이 아니라, 오히려 우리 자신의 작업에 대해 정보에 기반한 다원주의를 모델링하려고 노력한다는 점에 대해 말하려는 것이다. 실시자(수퍼바이저)와 수령자(수퍼바이지)에 의해 제기되는 통합적 수퍼비전의 강점과 문제점에 대한 그러한 개방은 처음부터 분명한 기대를 설정한다. 앞에서 바로 설명한 것처럼 그러한 스타일은 수퍼바이지들의 실망을 이해하고 관리함으로써 수퍼비전 세션 초기에 나타난다

'좋은' 수퍼바이지가 되는 것의 어려움은 자주 무시된다. 수련생들은 대개 과정에 대한 이해가 거의 없는 상태에서 수퍼비전에 들어가며, 수퍼바이지 역할을 맡는 데 있어서 공식적인 도움을 받지 못하는 경우가 많다. 우리 둘 모두도 처음에는 수퍼바이지로서 어떻게 우리 스스로에게 도움이 되게 해야 하는지에 대해 상당히 무지했음을 고백한다. 동일한 수퍼비전 세션의 질에 대하여 수퍼바이지의 평가와 교수진/전문가의 평가가 상호 연관성이 매우 낮다는 것은 놀랄 일이 아니다(예: Bernard & Goodyear, 2014; Reichelt & Skjerve, 2002; Shanfield, Hederely, & Matthews, 2001). 많은 수퍼바이

저와 수퍼바이지 쌍은 말 그대로 같은 입장이 아니다.

　심리상담 수퍼비전, 특히 통합적 다양성에 대한 수퍼비전은 학생들의 공식적인 준비와 수퍼비전을 위한 구조화된 오리엔테이션을 요구한다(Berger & Buchholz, 1993). 이러한 오리엔테이션은 참가자의 목표와 기대 사항, 수퍼비전의 실행 계획(예: 세팅, 형식, 경계, 법적 관계)과 어디에서나 있는 일반적인 평가 구성 요소(예: 채점 기준, 학점 이수, 추천서)를 다룬다. 실제로 우리는 수퍼비전을 위한 명시적인 계약을 선택하는 사람들 중에 속한다.

　두 개의 새로운 수퍼비전 관계의 초기 세션에 뒤이어, 나(JCN)는 우리가 기대를 설정했던 대로, 그 내용과 과정에 대한 것들을 기록하였다. 그 내용은 상호 간에 서면 수퍼비전 동의서를 검토하고 편집하는 데 주로 의존하는 것 같았다. 그래서 우리는 이 세션에서 그것에 대해 먼저 시작한 다음에 그 과정과 더 관련된 문제들로 넘어간다.

1) 서면 계약

　나(JCN)는 과거 몇 년 동안, 다소 법적 형식에 구애되고 지나치다는 것을 알았기 때문에 서류에 수퍼비전 동의서/합의서를 작성하는 것을 꺼렸다. 그러나 최근 몇 년 동안, 아마도 내 나이, 경험, 또는 우리가 작업하는 곳의 법적 분위기와 관련된 소심함 때문에, 나는 그것을 서면으로 받아 왔다.

　어쨌든 임상 경험과 수퍼비전 연구는 수퍼비전 관계에 대한 인식 공유의 중요성을 강조한다. 수퍼비전 관계에서 상호 실패는 종종 서로와 적절한 역할에 대한 불일치한 인식에 기인할 수 있다.

서면 계약은 기대들을 명확히 하고, 목표를 설정하고, 오해를 줄인
다. 나(JCN)는 각 수퍼바이지와 함께 검토 및 개별화된 행간 여백
없이 빽빽한 4페이지 분량의 포괄적인 수퍼비전 계약을 이용한다.
부분과 구절은 6개의 출판된 출처로부터 개정되었으며, 계약서에
는 대인관계 역할, 예상 출석률, 평가 방법, 계약서 개정 조항 등에
관한 일반적이고 명시적인 부분이 수록되어 있다. 수퍼바이지와
수퍼바이저가 함께 문서를 살펴보며, 내용을 다듬고 필요에 따라
편집한다. 그리고 나서 우리는 계약서에 서명하고 날짜를 적는다.

이 합의에 특별히 새로운 것은 없지만, 수퍼바이지들은 몇 가지
문제에 대해 자주 언급한다. 우선, 나는 수퍼바이지들에게 수퍼비
전 세션에서 검토할 내담자들에 대한 지난 1주일 동안의 심리상담
노트를 가져오라고 요청한다. 나는 초기 임상가들의 모든 내담자
를 위해서뿐만 아니라, 더 상급 수련생들의 일부 내담자를 위해서
도 그렇게 한다. 또한 이 합의는 평가 피드백이 수퍼바이저가 개선
할 수 있는 방법과 수퍼바이지가 개선할 수 있는 방법으로 양방향
이 되기를 규정하고 있다. 더불어 일부 수퍼바이지들은 "수퍼바이
저는 수퍼비전 관계에서 수퍼바이지들이 의견 불일치를 표현하고
어떤 갈등이라도 논의하기를 기대한다."라고 쓰인 합의 문장에 놀
라기도 한다.

나(LMP)는 이전에 수퍼바이지로서 수퍼비전 계약을 맺었지만,
그것들은 특별히 나에게 맞춰져 있지 않았고, 수퍼비전을 시작하
기 전에 나와 수퍼바이저가 함께 그것들을 검토한 적이 없었다. 처
음에는 약간 위협적이고 조금은 법률에 구애되지만, 그 계약은 내
가 통합적 수퍼비전으로 가는 문을 통해 처음 경험한 것이었다. 나
의 의견이 요구되었고, 나의 학습 요구와 목표에 대해 솔직해지도

록 격려받았다. 나는 그것이 단지 말뿐이 아니라는 것을 알았다. JCN이 양방향 피드백과 갈등에 대한 논의를 요청했을 때 그가 한 말은 진심이었다. 비록 계약이 완료되는 데 전체 수퍼비전 한 시간이 걸렸지만, 일단 계약이 완료되면 우리는 그것을 다시 볼 필요가 없었다. 양측의 기대를 명시적으로 밝힌 계약은 과거의 수퍼비전 경험들에서는 유예되어 왔다.

2) 과정 문제

내(JCN)가 수퍼비전에서 가장 좋아하는 표현 중 하나는 '과정이 중요하다.'인데, 이는 물론 계약에 명시된 목표를 달성하기를 원하지만, 우리가 어떻게 관련시키고 또한 어떻게 그러한 목표에 도달하는지도 중요하다. 나는 계약서에서 그리고 직접적으로 수퍼바이지의 자기성찰, 정직성, 그들의 수행에 대한 지속적인 평가, 수퍼바이저로서의 나의 기능에 대한 피드백 그리고 많은 독서를 요구한다.

다른 수퍼바이저들과 비교했을 때, 나(JCN)는 내가 더 많은 독서를 요구한다는 것을 반복적으로 알게 되었다. 상급 수련생들은 통합적 수퍼비전에 대한 나의 출판물 중 하나와 내가 어떻게 통합에 이르렀는지에 대한 다른 출판물을 읽도록 요구받는다(Norcross, 2006). 초보 수퍼바이지, 즉 생산적인 수퍼바이지 역할을 채택한 경험이 많지 않은 수퍼바이지들은 『Getting the Most Out of Clinical Training and Supervision』(Falender & Shafranske, 2011)이라는 책을 대충 훑어본다. 그런 다음 수퍼바이지들은 특정 심리상담 방법들, 관계 입장 및 내담자 초진단적 특징들에 대해 읽는다. 그렇게 하는 것은 여러 심리상담 매뉴얼, 웹사이트 및 자료집을 참고한다는 것을 의미한다. 수퍼바이지들은 또한 심리상담과 관계 시범을 보이는 전문 상담사의 여러 비디오 녹화를 시청한다. 이 비디오 시리즈는 APA 심리상담 비디오 시리즈에서 가져온 것으로, 가장 큰 규모로 발전했다. 125개 이상의 시연 개인 세션과 25개 이상의 6회기 시연 세트로 구성되어 있으며, 이는 말할 것 없이 세계에서 가장 영향력 있는 심리상담 비디오 시리즈이다(Norcross & VandenBos, 2011). 연구는 일반적으로 비디오 녹화물을 보는 것이 특정 심리상담 기술(예: Maguire et al., 1984)과 심지어 전체 심리상담 체계(예: Hilsenroth, Defife, Blagys, & Ackerman, 2006)의 학습을 향상시킨다는 것을 보여 준다.

기대를 설정하는 과정에는 수퍼바이저가 자신의 작업과 더불어 본인의 어리석은 실수와 같은 행동을 공유하는 것이 포함된다. 초기 커플치료 수퍼바이저인 Jim Prochaska는 우리의 그룹 수퍼비전 첫 미팅 동안 부부가 함께 참여하는 심리상담에서 그의 첫 번째 활동이었던 오디오테이프를 틀었다. 테이프로 녹음된 세션은 10분 안에 중단되었는데, 서로에게 소리를 지르는 부부가 중단시키고, 약한 심리상담사는 효력 없는 제안을 하고, 그 커플은 그 세션을 뛰쳐나왔다. 그러자 우리 수퍼바이저는 우리를 쳐다보며, "너희 모두 나보다는 잘할 거야."라고 말했다. 오늘날까지 나는 내 심리상담상의 실수들, 즉 감정이입 실패, 멍청한 코멘트, 놓쳐 버린 결정적인 내담자 정보, 그리고 중요한 것은 아무것도 전달하지 않는 급하게 휘갈겨 쓴 듯한 회기 노트를 보여 주려고 노력한다. 수퍼비전이 진행됨에 따라, 나는 수퍼바이지들이 내가 심리상담을 하는 것을 담은 출시된 비디오 녹화물을 시청하도록 제안할 수도 있지만, 그것은 그들 자신의 적절하지 않았던 작업들과 비교하게 할 수도 있다.

어떻게 수퍼바이지가 피드백을 가장 잘 받아들이는가? 그것은 수퍼비전 기대를 설정하고(피드백이 제공될 것이다), 개인에게 수퍼비전(그리고 심리상담)을 맞추는 것에 대한 우리의 강조를 반영하는 일반적인 질문이다. 수퍼바이지들은 그 질문의 희귀성, 직접성 그리고 반응성 때문에 이 질문에 당황해하는 것 같기도 하다. 그래서 나는 때때로 어떻게 그러한 피드백이 진실함(veritas, 직설적 진실)에서 진지함(gravitas, 고결한 지지)까지 10점 척도로 수퍼바이지들에게 맞춰져야 하는지를 질문한다. 우리는 불안한 초심 수퍼바이지에게 정중하게 "어떻게 여기서 신뢰감을 느낄 수 있나요? 어떻게 이곳이 안전한 학습장이 될 수 있을까요?"라고 묻는다. 이러한 대화를 주고받는 것은 통합적 수퍼비전을 위한 정신적·대인관계적 세트를 만들어 낸다.

4. 관계의 역할

수퍼비전이 관계라고 할 때 임상 수퍼비전의 관계 역할에 대해서 글을 쓴다는 것은 이상하고 역설적이다! 관계는, 수퍼비전의 전체가 아니라면 적어도 그 심장과 영혼이다(Watkins, 2014). Fiscalini(1985)를 의역한 Hanna Levenson의 말에 따르면, "수퍼비전은 다른 관계들에 관한 관계에 관한 관계이다." 치료적 관계와 마찬가지로 수퍼비전 관계는 변화의 핵심 메커니즘이며, 효과적인 임상 수퍼비전에 대한 수퍼바이지의 보고와 가장 높은 상관 관계를 보여 준다(M. V. Ellis, 2010). 수퍼비전은 관계 안에서, 관계에 의해, 그리고 관계를 통해 일어난다. 지도와 방법은 그 여정을 용이하게 할 수 있지만, 궁극적으로 성공은 주로 수퍼비전 동맹에 달려 있다.

심리상담과 마찬가지로, 교육학적 방법은 우리의 수퍼비전에서 대인관계에 대한 2차적인 입장을 취한다. 우리는 수퍼바이지가 관계를 잃어 가며 기술에 사로잡혀 있음을 인식하도록 하는데, Mahoney(1986)는 이를 "기술의 독재"라고 명명하였다. 기법들은 치료적 메시지를 구조화하고 전달하는 전략으로 가장 적절하게 이해되지만, 기법들이 치료적 메시지와 혼동되어서는 안 된다.

숙련된 수퍼바이지들과 함께, 우리는 심리상담 수퍼비전에서의 상호관계를 얻으려고 노력한다. 이상적인 관계는 '탐구적인 동료'와의 상호관계 탐색과 양방향 대화의 과정으로 특징지어질 수 있다(Kagan, 1980). 우리의 전문적인 책무를 다하지 못하거나 우리 사이의 지식과 힘의 차이를 부인하지 않으면서, 수퍼바이저들은 공감적이고 협력적인 관계를 얻기 위해 노력한다. 비록 일시적으로 불편함을 증가시키더라도, 우리는 훈련생들이 불안해하는 것들을 표현하고, 정중하게 동의하지 않으며, 대안을 제시하도록 장려하는 환경을 조성하기를 바란다. 우리를 안내하는 결정적인 질문은 '수퍼바이지들은 자신을 안 좋게 보이게 만드는 것도 보여 줄 것인가, 아니면 오직 그들을 좋게 보이게 만드는 것만 보여 줄 것인가?'이다.

이 책의 후반부에서, 나(LMP)는 나의 통합적 수퍼바이저(JCN)와 엉망으로 진행되었던 비디오 녹화 수퍼비전의 한 섹션을 공유했던 것을 설명한다. 나는 우리 관계가 탄탄했기 때문에 그렇게 하는 것을 주저하지 않았고, 어떠한 판단도 하지 않고 그가 더 좋은 결과로 나를 이끌어 줄 것이라고 믿었다. 우리는 성공으로부터 좀처럼 배우지 못한다. 우리는 실패로부터, 그리고 '다시는 그러지 않겠다'는

희망을 통해 배운다. 나는 심리상담사로서 기술을 쌓기 위해 불안
감을 떨쳐 버렸다. 우리의 수퍼비전 작업동맹은 내가 그렇게 할 수
있도록 해 주었다. 나는 모든 수퍼바이지가 이와 같이 하기를 권장
한다. 수퍼바이저들은 그들이 형성하는 작업동맹을 통해 미래 임
상가들의 정신을 만들거나 깨뜨릴 수 있는 능력을 손에 쥐고 있다.
수퍼비전 관계가 다른 무엇보다 중요하다. 관계를 탐구하고, 육성
하며, 가능한 한 즐기라.

1) 효과 있는 것과 효과 없는 것

아마도 수퍼비전에 관한 가장 중요한 연구는 관계적 성향과 스
타일에 관한 것이다. 여러 연구(예: M. V. Ellis, 2010; Neufelt, Beutler,
& Banchero, 1997)는 같은 결론을 반복한다. 즉, 이상적인 수퍼바이
저는 "높은 수준의 공감, 존중, 진정성, 유연성, 배려, 투자, 개방성"
을 가지고 있다(Carifio & Hess, 1987, p. 244). 훌륭한 심리상담사들
처럼, 훌륭한 수퍼바이저들은 적절한 교육, 목표 설정 그리고 피드
백을 사용한다. 그들은 수퍼바이지들을 존중하고 수퍼비전 경험
을 심리상담으로 바꾸려고 하지 않는 지지적이고, 비판적이지 않
은 사람으로 간주되는 경향이 있다. 더 강한 작업동맹으로 이어지
는 다른 수퍼비전들은 수퍼바이저들의 윤리적 온전함, 평균 이상
의 지능 그리고 강력한 경청 능력이다(Bucky, Marqes, Daly, Alley, &
Karp, 2010).

자신의 심리상담 경험을 수퍼바이저가 공개하는 것은 수퍼비전
관계를 개선할 뿐만 아니라 수퍼바이지들이 자신의 경험에 대해
느낄 수 있는 수치와 불편함을 덜어 주는 것으로 나타났다(Farber,

2006). 이러한 자기공개는 수퍼바이지들이 속담에도 있다시피 안도의 한숨을 쉬게 하고, 그들의 수퍼바이저가 신이 아니라 실수를 할 수 있는 인간이라는 것을 인식하게 한다. 연구 결과에 따르면, 자기공개는 더 나은 작업동맹과 수퍼바이저와 수퍼바이지 둘 다의 만족도를 높여 준다(Knox, Burkard, Edwards, Smith, & Schlosser, 2008).

우리 중 한 명(JCN)은 불쾌한 수퍼비전 스타일에 대한 초기 연구(Rosenblatt & Mayer, 1975)를 통하여 자신의 훈련에 깊은 영향을 받았다. 연구에서는 네 가지 스타일이 특히 문제가 있다는 것을 발견했다. 그 네 가지 스타일은 제약적이고, 비정형적이며, 지시적이시 않으며, 치료적인 것이다. 수퍼바이저들이 수퍼비전 세션 동안 집중을 유지하고, 시간의 제약에 유의하며, 편견 없이 관대하게 내담자를 지지하며, 수퍼비전과 수퍼바이지 사이의 관계를 개선하도록 효과적으로 수퍼바이지에게 도전의식을 북돋는 것은 중요하다.

수퍼바이지들은 두 가지 더 해로운 스타일의 수퍼바이저들에 대해 몹시 불평하는데, 그들은 냉담한 수퍼바이저와 권위주의적인 수퍼바이저이다(G. J. Allen, Szollos, & Williams, 1986; Moskowitz & Rupert, 1983; M. L. Nelson & Friedlander, 2001). 냉담하고 지지를 보내지 않는 스타일은 수련생들의 투쟁이나 광범위한 분노를 야기하는 경향이 있다. 그런 관계에서 수퍼바이지들은 흔히 신뢰를 잃고, 안전하지 못함을 느끼고, 뒤로 물러나고, 경계한다. 순응을 요구하고, '기본 방침'에서의 일탈을 처벌하는 수퍼바이저들은 그들의 수퍼비전 관계를 위태롭게 하고, 통합의 중심 신조를 망치고 있다.

우리 중 한 명(LMP)은 박사 과정 동안 그렇게 독단적이고 지배적인 수퍼바이저를 견뎌 내었다. 그 수퍼바이저의 권력은 수퍼바이저가 심리상담의 진정한 경로라고 생각한 것과 의견이 불일치하거나 인지된 이탈에 대한 응정의 도구로 이용되었다. 나에게 누적된 영향은 나의 개인적 임상 작업 스타일에 대한 불신과 심리상담을 하는 동안 나의 성격을 억제하는 것이었다. 다른 사람들에게 그것은 잠재적으로 수업 포기 또는 실패를 의미했다. 통제적인 부모가 억제된 자녀를 만들어 내는 것과 마찬가지로, 통제적인 상관이 억제된 임상가를 배출하고 임상가의 '실제' 부분을 경험에서 배제한다. 그 손상은 되돌리는 데는 몇 년이 걸릴 수 있다.

암울한 사실은 모든 수퍼비전 관계가 긍정적이지는 않으며, 수퍼바이지들 중 상당 부분이 수퍼바이저에게 피해를 입었다고 느낀다는 것이다(M. V. Ellis, 2006). 수퍼바이지들에게 억압된 환경은 성적, 서면 평가, 그리고 아마도 사내 정치라는 형태의 보복에 대한 두려움으로 이어진다. 한 명 이상의 대학원생은 이후의 연구조교 상실, 논문위원회 구성의 어려움, 열성적이지 않은 추천서를 부정적인 수퍼비전 경험 탓으로 돌렸다. 수퍼바이저들은 이전 수퍼바이저들이 입혀 왔던 손상을 돌려놔야 할지도 모른다. 그것은 내가 초기에 수퍼비전을 할 때 준비되지 않았던 현실이다

수퍼바이지들은 심리상담사로서 능력에 대해 자신감이 떨어지는 훈련 초기의 혹독한 비판에 가장 취약한 경향이 있다(Stoltenberg & Delworth, 1987; Tryon, 1996). 만약 그들이 그 중요한 발달 기간 동안 수퍼바이저들과의 좋은 작업 관계를 즐기지 않는다면, 그들은 심리상담사로서 편안함을 느끼지 못할 수도 있고 그들의 성장에 어려움을 겪을 수도 있을 것이다. 사실 수퍼바이저와 수퍼바이지 사이의 약한 작업동맹은 수퍼바이지들이 그 분야에 환멸을 느끼도록 하는 것으로 나타났다. 그들은 자신이 선택한 직업에 대한 의

문을 제기하고, 수퍼바이저와의 만남에 대한 높은 불안감에 시달리며, 수퍼비전 과정을 불신할지도 모른다(Gray, Ladany, Walker, & Ancis, 2001; M. L. Nelson & Friedlander, 2001).

관계 요인들은 지속적으로 심리상담에서 긍정적인 성과의 가장 중요한 결정 요소로 등장하며(Norcross & Lambert, 2014), 유사한 중요성은 수퍼비전의 관계 요인에 기인할 수 있는데, 특정 수퍼비전 쌍(수퍼바이저-수퍼바이지)뿐만 아니라 임상 훈련 전체에 걸쳐 있다. 연구 결과에 따르면 수퍼비전 관계는 수퍼바이지가 전반적인 훈련에 만족하는 데 있어 가장 영향을 주는 요소 중 하나이다(Ramos-Sánchez et al., 2002).

수퍼비전 문헌의 논문마다, 등한시되지만 필수적인 요소로서 이런저런 관계 특징을 언급하고 있다. 그러나 비록 함정에 빠진다고 하더라도 우리는 신뢰를 확고히 하여야 한다. 신뢰가 없다면, 의미 있는 어떤 것도 시작되지 않고, 중요한 어떤 것도 일어나지 않는 것처럼 보인다. 물론 단 하나의 요소란 결코 없다. 그러나 통합적 수퍼비전에서는 신뢰가 우리 정신에 가장 근접한 것이다. 그리고 신뢰는 도전 및 배움과 함께 잘 공존할 수 있다.

이제 분명히 알 수 있듯이, 그 관계는 동시에 수퍼비전에서 변화를 위한 맥락이자 과정이다. 통합적 수퍼바이저로서 우리는 학생들에게 멋진 선물을 제공할 기회를 가지고 있다. 이상적으로 말하면, 그들은 심리상담에 대해 더 많이 알고, 내담자들에 대해 더 많이 알고, 우리에 대해 더 많이 알고, 가장 중요하게는 그들 자신에 대해 더 많이 알게 되면서, 우리와 함께 그들의 작업을 마칠 것이다. 그들은 그들의 소명과 체계적 통합의 효과에 관하여 열광할 것이다(Halgin, 1986). 통합적 수퍼비전에서의 관계는 이러한 중요한 목표를 촉진할 수 있는 최적의 생체 내 실험과 같은 실제 상황을 제공한다.

2) 병렬 과정

수퍼비전과 심리상담 사이의 병렬 과정은 많은 형태를 취할 수 있는데, 안타깝게도 문헌에서는 자주 구분되지 않는다. 한 가지 병렬 과정의 징후는, 내담자가 심리상담에서 어떻게 행동하는지와 유사한 방식(예: 자기폄하 또는 비공개적인 방식 등)으로 수퍼바이지들이 수퍼비전에서 행동할 수 있다는 것이다. 이것은 가끔 있는 경우이지 반드시 일어나는 경우는 아니다. 병렬 과정의 또 다른 징후에서, 수퍼바이지와 수퍼바이저의 역학 관계는 심리상담 관계의 역학 관계를 모방할 수 있다. 수퍼바이지는 모든 관계에 유사한 이러한 대인관계와 방어적 패턴을 가져오기도 한다. 우리는 이것이 필연적이라고 생각한다(Norcross, 1988).

이 병렬 과정의 두 가지 경우 모두, 수퍼바이저는 이러한 반복적인 관계 패턴을 다룰 수 있고 또 다뤄야 한다. 그렇게 하는 것은, 심리상담을 하는 것을 포함하여 이에 국한되지 않는 모든 대인관계와 관련된 일에서 수련자의 알아차림과 성과를 향상시킨다. 심각한 부적응 패턴에 대한 수퍼바이지의 알아차림과 수퍼바이저의 주의가 해결하기에 충분하지 않은 경우 개인상담을 의뢰할 수 있다.

관련되기는 하지만 구별되는 형태의 병렬 과정은 통합적 수퍼비전에서 발생한다. 우리는 심리상담을 수행하는 수퍼바이지와 수퍼비전을 수행하는 수퍼바이저 둘 모두에 의도적으로 맞춘다. 수퍼바이지들이 각자의 내담자들에게 심리상담을 맞추듯이, 우리는 학생들 각자에게 수퍼비전을 맞추는 병렬 과정에 지속적으로 관여하고 있다. 최종 결과는 수퍼바이저, 수퍼바이지/심리상담사 그리고 내담자 모두에게 적합하고 향상된 성과를 제공하는 종합적 시너지 효과이다.

5. 평가

수퍼비전에 있어 평가는 네 가지 차원으로 구성된다. 그것은 수퍼바이지의 심리상담을 받는 내담자의 성과 평가, 수퍼바이지의 수행 평가, 수퍼바이저 자신의 평가와 수퍼비전 평가(수퍼바이저와 개념적으로 구별됨)이다. 우리는 각각에 대해 간단하게 설명하고 제안을 하고자 한다.

1) 내담자 평가

통합적 수퍼비전에서 우리는 훈련생들에게 진행 상황을 모니터링하고 그들이 제공하는 심리상담의 성과를 평가하도록 강력히 권고한다. 누군가는 '필요하다'고 말할 것이다. 이 과정은 형성적으로(심리상담 중) 그리고 총괄적으로(심리상담 후) 일어난다. 전자의 경우, 피드백 모니터링 시스템 12개 중 하나를 자주 사용한다(Hilsenroth, 2015 참조). 우리는 일반적으로 세 가지 피드백 시스템 중 하나에 초점을 두는데, 이는 무료인 Session Rating Scale(SRS V.3.0; Duncan et al., 2003; 관계의 질, 목표 및 주제, 접근법 또는 방법, 전반적인 만족도를 평가하는 네 가지 항목을 포함), Lambert(2010;

http://www.oqmeasures.com)의 전산화된 Outcome Questionnaire
(30개 또는 45개 문항 포함), 100문항 이상의 클라우드 기반의 내담
자 문제 영역, 내담자 초진단적 특성들 및 STS 원칙을 기반으로 하
는 심리상담 권장 사항을 사정하는 InnerLife Systematic Treatment
Selection(STS)(http://innerlife.com/)이다. SRS에서 내담자는 세션
에서의 관계, 세션 중에 사용된 접근법 또는 방법, 세션에 대한 전
반적인 만족도를 아날로그 척도 1부터 10까지로 평가하는데, 여기
서 왼쪽은 '매우 불만족'을 나타내고 오른쪽은 '매우 만족'을 나타낸
다. 이 평가의 개발자들은 8 또는 9보다 낮은 점수를 가지면 탐색
을 권고한다(Duncan et al., 2003).

때때로 수퍼바이지들은 다른 피드백 방법들 중 하나를 읽고 시
험 삼아 실제로 해 본다. 그렇게 하는 것이 심리상담 자체 또는 수
퍼바이지 선호에 더 부합하는 경우, 수퍼바이지는 내담자들과 그
들의 관계의 질, 목표 달성, 접근법, 무엇이 효과가 있는지, 그리고
무엇이 향상될 수 있는지에 대해 명시적으로 토론할 것이다. 중요
한 점은 명시적으로 묻는 것이다. 심리상담과 관계에 대한 내담자
의 인식에 관하여 구체적이고 공손하게 질문하는 심리상담사들은
자주 동맹을 강화하고 조기 종결을 방지한다.

내담자에 대한 총괄 평가는 일반적으로 특정 심리상담 접근법
이나 수퍼바이지 권장대로 이루어지기도 하지만, 증상 측정, 참
고 자료, 광범위한 정신병 측정, 긍정적 웰빙 측정 도구, 목표 달
성 척도, 관계 기능 등의 연속적인 실시 형태로 이루어진다. 우리
의 수퍼비전 관계에서, LMP는 심리상담 결과의 주요 결정 요인으
로 Counseling Center Assessment of Psychological Symptoms
(CCAPS; Youn et al., 2015)의 연속 평가를 사용하기로 결정했는데,

그녀의 대학 센터가 서비스를 시작할 때 정기적으로 그것을 실시했기 때문이다.

종합 성과의 또 다른 주요 결정 요인은 내담자와의 솔직한 교류를 수반하는데, 이는 이러한 논의가 심리상담 과정 내내 형성 평가를 통해 정기적으로 이루어졌기 때문에 자연스럽게 느껴진다. 나(JCN)는 심리상담 종료 시 내담자들과 자신들에게 정기적으로 다음과 같은 몇 가지 질문을 하도록 수퍼바이지들에게 요구한다. 심리상담에서 무엇이 가장 효과적인 것으로 드러났는가? 무엇이 작용한 것 같았는가? 무엇이 계속 작업해야 하는 것으로 남겨졌는가? 어떻게 하면 더 유능할 수 있었을까? 수퍼바이지들은 심리상담이 기술 지향적이라고 느낄 때조차도, 내담자를 위한 관계의 중요성을 빨리 습득한다.

2) 수퍼바이지 평가

특정 심리상담 체계 내에서 수퍼바이지의 능력을 평가하기 위해, 우리는 심리상담 매뉴얼들에서 진화해 온 공식적 방법들을 통합한다. 기법적 기술을 사정하기 위한 준거 기반 등급 척도는 수많은 심리치료를 위해 개발되어 왔으며, 이러한 척도는 우리의 통합적 수퍼비전이 바탕이 되는 오디오 및 비디오 녹화물들에 유익하게 적용된다. 마찬가지로, 관계 능력 평가는 훈련 자료와 매뉴얼로부터 조정될 수 있다.

관계와 기법적 기술에 능숙해지는 것은, 만약 수퍼바이지가 언제 누구와 함께 사용할지를 배우지 않았다면 거의 가치가 없을 것이다. 따라서 우리의 수퍼비전은 또 다른 수퍼바이지 평가의 측면을 추가한다. 즉, 통합적 작업을 위한 심리상담 계획이다. 우리는 통합적 사례 공식화, 선별된 사정, 다양한 방법을 적용하기 위한 내담자 표시를 인식하는 능력 등을 비디오로 녹화된 세션뿐만 아니라 수퍼비전 세션, 사례 발표, 작업 표본, 모의 면접, 통합 매뉴얼 준수에서 찾아본다.

　더 폭넓은 수퍼바이지 기술들을 평가하기 위해, 우리는 구조화된 전문 역량 목록에 대한 수행을 평가한다. 심리학자들을 위한 역량 기준(Fouad et al., 2009; http://www.apa.org/ed/graduate/benchmarks-evaluation-system.aspx도 참조)은 훈련 수준 전체에 걸쳐 다 역량(예: 첫 번째 실습, 단독 실시에 대한 준비 상태)을 제공한다. 서면 계약의 일부로서, 수퍼바이지와 수퍼바이저는 초기에 어떤 폭넓은 능력들을 대상으로 할 것인지 그리고 목표로 삼을지를 결정한다. 그러나 가르치거나 연구를 수행하는 것과 같은 전문 능력들 모두가 모든 수퍼비전의 목표가 되지는 않을 것이다.

　APA 기준들은 폭넓은 전문 역량을 나타낸다. 그 범주는 전문성, 반영적 실제/자기평가, 자기돌봄, 과학적 지식과 방법, 관계, 개인적 및 문화적 다양성, 윤리 및 법적 기준, 학제 간 시스템, 사정, 개입, 자문, 연구/평가 교육, 경영/행정, 권익 옹호 등으로 구성된다. 각 범주 내에서 등급이 매겨지는 몇 가지 특정 항목이 있고, 각 항목은 '불만족스럽다, 만족스럽다, 좋다, 우수하다'의 척도로 평가된다.

　총괄 평가의 빈도는 수퍼비전 상황 및 수련생의 필요에 따라 달라진다. 예를 들어, 펜실베이니아에서 면허증을 찾고 있는 심리학 인턴이나 레지던트의 경우, 공식적인 서면 평가는 적어도 분기별로 이루어져야 한다. 심리학 박사 학위 학생들을 위해, 우리는 APA 능력 기준을 이용하여 매 학기 말에 공식적인 평가를 완료한다. 나

(JCN)에게 통합적 수퍼비전을 받는 면허를 가진 실무자의 경우, 서면 총괄 평가는 일반적으로 하지 않는다. 대신, 공식적인 서류 작업이 필요하지 않기 때문에 나는 형성적 피드백을 자주 사용한다.

초기 총괄 평가 후, 우리는 일반적으로 수퍼바이지들에게, 우리의 평가와는 무관하게 기준을 근거로 먼저 스스로를 평가하도록 요구한다. 이 방법은 수퍼바이지의 자기반성을 촉진시키고, 보다 많은 상호 교류를 만들어 내며, 우리 각각의 인식에서 수렴되는 것과 확산되는 것들을 설명한다.

3) 수퍼바이저 평가

대부분의 상급 실무자는 수퍼바이지로서 적어도 하나의 만족스럽지 못한 경험을 보고한다. 그것은 수퍼비전 이론, 기술 또는 방식이 그들의 요구와 맞지 않았던 것이다. 대부분의 수퍼바이저는 수퍼비전에 뭔가 문제가 있는 것 같을 때 비슷한 불편한 경험을 했지만, 즉시 해결책이 나타나지는 않았다. 우리는 그러한 조화를 이루지 못하는 수퍼비전 관계가 ① 처음부터 수퍼비전 기대와 목표에 대한 불충분한 설명(이 장의 앞에서도 논의)과 ② 수퍼비전 전반에 걸친 불충분한 평가로 인해 어려움을 겪고 있다고 확신한다.

수년간 나(JCN)는 수퍼바이지들이 나의 수퍼비전을 실용적으로 평가하도록 하는 많은 방법을 이용해 왔다. 수퍼바이지들을 위한 과정에 초점을 맞추고 그들의 불안을 줄이기 위해 나는 구조화된 평가와 서면 형식을 사용했고, 약 10년 동안은 Supervisory Working Alliance Inventory(Horvath & Greenberg, 1989)를 사용했다. 구체적인 내용과 행동적인 기준점을 갖는 것은 수퍼비전에 대

한 학생들의 감정들에 관하여 가능한 한 진솔한 토론을 시작하는
데 도움이 된다. 실제 수퍼바이저의 힘 있는 지위는 정말 대담한 수
퍼바이지를 제외한 모든 수퍼바이지가 수퍼바이저와 솔직한 피드
백을 나누기 어렵게 만든다. 힘의 차이와 학생들의 불안은 솔직한
평가를 방해하는 강력한 것이다.

우리의 수퍼비전에서는 Leeds Alliance in Supervision Scale
(LASS; Wainwright, 2010)을 선택했는데, 이것은 치료 세션을 평가
하기 위해서 사용되는 SRS와 유사하다. 다섯 번째 수퍼비전 세션
마다 세 문항의 LASS를 완료했다. 이 세 가지는 수퍼바이저의 접
근법 평가('수퍼비전이 집중적이지 않다'에서 '수퍼비전이 집중적이다'
까지), 관계('서로 이해하지 않았다'에서 '서로 이해했다'까지) 그리고 본
인 요구 만족('수퍼바이저는 나에게 도움이 되지 않는다'에서 '수퍼바이
저는 도움이 된다'까지)이다. 그다음에 무엇이 효과가 있고, 무엇이
가치 있고, 무엇이 향상될 수 있는지에 대한 공개적인 대화가 이어
졌다.

수퍼비전 연구에 대한 그의 리뷰에서, Worthington(1987)은 주
로 경험으로 향상하는 임상가들과는 달리 수퍼바이저들이 시간이
지남에 따라 반드시 더 나은 수퍼바이저가 되는 것은 아니라고 결
론지었다. Worthington은 이것이 수퍼비전 발전을 위한 전문적 환
경에 쏟는 최소의 관심 때문일 것이라고 생각했다. 우리는 추가적
인 이유가 수퍼바이저와 수퍼비전에 대한 평가의 부족에 있다고
추측한다. 수퍼비전 기술을 늘리는 것은 다른 사람들의 지속적인
피드백과 향상시키려는 욕구가 필요하다.

수퍼바이지로서 나(LMP)는 강한 작업동맹을 전제로 당신의 수퍼
바이저에게 솔직한 피드백을 제시할 것을 강력히 제안한다. 심리

상담사로서 나는 수퍼비전에서 잘 하고 있다는 피드백보다 좀 부족하다는 피드백을 통하여 침체된 과정을 더욱 의미 있는 경험으로 그리고 엄청난 성장으로 발전시켰다는 것을 발견했다. 훌륭한 수퍼바이저들은 당신의 독특한 요구에 수퍼비전을 조정하기를 원한다. 그래서 수퍼바이지들이 그렇게 하기 위해서는 수퍼바이지들의 의견이 절대적으로 필요하다. 그리고 만족스러운 수퍼비전 관계에서 객관적인 데이터는 항상 환영된다.

4) 수퍼비전 평가

수퍼바이저와 수퍼비전을 개념적으로 구분하는 것은 일반적으로 어려울 수 있지만, 우리는 수퍼비전의 양자(수퍼바이저와 수퍼바이지)가 수퍼비전과 수퍼비전에서 발생하는 훈련 내용에 대해 조감(鳥瞰)하기 위한 잠깐의 시간을 주기적으로 가질 것을 권장한다. 그러한 관점은 서로에 대한 어떤 강한 부정적인 감정을 분산시키고 수퍼비전 목표를 다시 착수하게 하는 데 도움이 될 수 있다. 수퍼비전 자체가 수련생에게 좋은 내담자 성과를 얻을 수 있도록 돕고 있는가? 특정 수퍼바이저(또는 수퍼바이지)에 대한 긍정적이거나 부정적인 감정들과는 별도로, 이 수퍼비전은 능력을 형성해 내고 있는가? 수퍼비전이 즐겁든지 그렇지 않든지, 무능하거나 비효율적인 서비스로부터 대중을 보호하는가?

연구는 대부분의 임상 훈련 프로그램이 수련생에게 미치는 영향이나, 수련생들이 내담자들에게 미치는 영향을 체계적으로 평가해 오지 않았다는 것을 일관되게 밝혀 왔다. 만약 우리가 심리상담사의 발달을 향상시키는 것에 대해 진지하게 생각한다면, 그러한 평가는 매우 중요하다. 수퍼비전 운영에서 지역적·국가적 격차는 어디에 있는가?

6. 피드백

통합적 수퍼바이저는 일관성 있는 틀 안에서 다양한 방법으로 학생들에게 피드백을 제공한다. 물론 처음에 피드백은 수퍼바이저가 제공하고 수퍼바이지가 받기에 불편할지도 모르지만, 계속 사용하면 모든 것이 더 쉬워지고, 심지어 일상화된다. 이상적으로는, 수퍼비전에서의 피드백은 시간이 지남에 따라 매끄럽게, 따뜻한 관계 내에서, 그리고 양방향으로 일어난다. 유용한 피드백은 수퍼비전 관계와 내담자 성과를 강화한다. 우리는 피드백을 기대되고, 자연스럽고, 안전한 것으로 이해한다. 수퍼바이지 피드백을 요청하고 환영하는 수퍼바이저는 관련된 모든 사람이 더 안전하게 향상할 수 있는 장(場)을 만든다.

다음 축어록은 수퍼바이지의 피드백이 기대되고 주어지는 우리 수퍼비전 세션의 한 예시를 제공한다. 수퍼바이저는 불안에서 벗어나고 그의 비위를 맞추기 위해 수퍼바이지가 실제로 그녀가 느끼는 것보다 그를 더 높게 평가했을지도 모른다고 예상하고 분명히 한다. 우리는 그러한 명시적인 의사소통을 수퍼비전에서 권고하는데, 이것은 그들의 심리상담 만족에 대한 내담자들의 피드백과 유사하다. 우리는 가능한 한 솔직하고 정확한 피드백을 받을 수 있는 기대들을 구조화한다.

수퍼바이저와 수퍼바이지는, 심리상담사와 내담자도 자주 그러하듯이, 공유되는 언어 소통의 약칭(略稱)을 개발한다. 따라서 우리는 몇 가지 약칭 표현 아래에 주석을 달고 설명을 했다.

수퍼비전 세션이 끝날 무렵, 수퍼바이저(JCN)는 그들이 예정된 시간이 끝나가고 있음을 인식하고 수퍼바이지(LMP)와 함께 다른 주제로 전환한다.

> JCN: 병렬 과정에서 또 다른 기분 좋은 순간. …… 그래서 나는 그 시간을 염두에 두고 있습니다. 다른 급한 일은 없습니까?
>
> LMP: 예, 없습니다.
>
> JCN: 음, 30번째 세션인데, 나는 당신이 이런 피드백 방법들을 내담자들에게 주기를 권장합니다. (수퍼바이저는 피드백 양식에 관심을 돌린다.) 이번이 다섯 번째가 될 것입니다.
>
> LMP: 그래요.
>
> JCN: 좋아요. 그리고 압박은? ('압박'은 수퍼바이저를 호의적으로 평가하기 위한 사회적·평가적 압박을 말한다.)
>
> LMP: 낮아요.
>
> JCN: 낮아요? 4 정도?
>
> LMP: 3에서 4 정도요.
>
> JCN: 아. 계속 물어보면 계속 낮아질까요?
>
> LMP: (빙그레 웃는다.)
>
> JCN: 좋아요, 그럼 얘기해 봅시다.
>
> LMP: 좋아요.
>
> JCN: 제발, 우리가 전진할 수 있도록 당신의 솔직한 인상을 말해 주세요.
>
> LMP: 좋아요. (그녀는 세 가지 항목으로 된 수퍼비전 피드백 평

가를 완료한다. 다 높다. 접근법이 효과가 있다.)

JCN: (수퍼바이지 등급을 검토하며) 그래서 수퍼비전 접근이 집
　　 중적이었다는 거죠?

LMP: 예…….

JCN: 당신은 이해했다고 느꼈고…….

LMP: 예.

JCN: 그리고 그것은 도움이 되었고…….

LMP: 물론이요. (수퍼비전에 논의된) 읽을거리는 배로 도움이
　　 될 거예요.

JCN: 아, 잊어버리기 전에 그것을 줄게요. 당신은 내가 왜 이렇
　　 게 하는지 알지요. (회기 중 읽을거리에 대해 논의하는 것
　　 을 좋아하지만 그들의 세션이 끝날 때 그것을 수퍼바이지
　　 에게 전달하는 것을 잊어버린 것을 언급한다.).

LMP: 고마워요. (수퍼바이저가 주는 논문을 수퍼바이지가 가져
　　 간다.)

JCN: 자, 저건 Steven Finn이 쓴거고, 뒷면에도 몇 가지 참고문
　　 헌이 있어요. 당신이 그것을 읽으면, 그동안 해 온 일에 대
　　 한 실제적인 수렴점을 발견할 것입니다. 그는 아마도 평가
　　 의 목적에 대해 조금 더 이야기할지 모릅니다.

LMP: 네.

JCN: 그리고 나서 아마 (치료 세션의) 마지막에 요약하거나 서
　　 면 요약이 있을 것입니다. 아마도 그것은 당신의 관계에 있
　　 어서는 필요하지 않을 겁니다. 나는 당신이 놀랄 것이라
　　 고 생각해요. 당신은 직관적으로 이 연구에서 추천되는 많
　　 은 것을 했습니다. (이 주제는 심리 검사의 결과로부터 심

리상담적 피드백을 제공하는 것에 관한 것이다; http://
www.therapeuticassessment.com/about.html 참조)

LMP: 네.

JCN: 자, (피드백 평가로 돌아가서) 나는 우리 관계에서 일들이
잘 되어 가고 있다고 느끼고, 우리는 서로 매우 잘 따라가
고 있다고 생각합니다. 하지만 우리는 항상 조금 더 잘할
수 있어요, 그렇죠?

LMP: 네.

JCN: 그렇다면, 완벽주의자가 아니라면 무슨 생각이 떠오르나
요? 어떻게 하면 좋은 것을 더 좋게 만들 수 있을까요?

LMP: 아마도 좀 더 건설적인 피드백이라고 생각해요. 그리고 나
는 읽을거리들을 즐겨요. 그래서 치료에서 어떤 문제에 대
해 고심할 때 읽을 수 있는 것이 있을 때마다 그것은 언제
나 도움이 돼요.

JCN: 펜 좀 빌릴 수 있을까요?

LMP: 물론입니다.

JCN: 나는 다음을 위해 메모를 할게요. 그래야 우리는 협력적인
심리상담 평가에 대해 계속 다룰 수 있어요.

LMP: 좋아요. 맞아요, 그것에 대해 이야기하는 것은 도움이 되
지요. 또한 당신이 읽으라고 정해 준 읽을거리들도.

JCN: 그리고 또 다른 내담자가 있나요? 예를 들어, CCAPS를 실시
했던 새로운 내담자가 있다면 우리가 검토할 수 있나요?

LMP: 네. 저는 항상 새로운 내담자들이 있어요. 그리고 그들은
CCAPS를 받아야 하는 것이고…… 그리고 어떤 것(검사 점
수)이 급상승하지 않는 한, 당신도 알지만 보통 자살 사고

와 같은 경우에, 실제로 그들에게 CCAPS에 대한 그들의 점
수에 대해 말하지 않아요. 우리는 보통 바로 접수면접(인
테이크)으로 들어가요.

JCN: 그리고 지금 당신은 아마도…… 무엇인가를 생각하고 있
지요?

LMP: 지금 저는 그것이 아마도 내가 해야 할 일이라고 생각해요.

JCN: (내담자의 테스트 결과) 좋은 소식은, 그들이 점수를 매기
지 않았던 것, 아마도 초점이 되는 부분.

LMP: 맞아요.

JCN: 공동의 심리상담 평가 모델도 그렇게 합니다. 물론 점수,
전반적인 패턴도 중요하지만, 특이한 반응도 역시 중요하
지요. "남들은 안 듣는 이상한 소리를 가끔 듣는다고 했을
때 무슨 생각을 했나요?"라고 물어보는 것은 중요해요. 적
어도 내담자들이 나에게 "예, 제가 청력도 좋고 침실이 꼭
대기 층에 있어요."라고 말할 때 마음이 놓이지요. 그래서
나는 어떤 진행되고 있는 정신이상적인 과정이 없다는 것
에 마음이 놓여요.

LMP: 맞아요.

JCN: 그래서, 공동 심리상담 평가와 독서뿐만 아니라 당신이
CCAPS에서 검토해야 하는 한두 가지의 중요한 항목들이
있습니다.

LMP: 맞아요.

JCN: 다른 사항이 또 있나요(향후 수퍼비전 세션에서 우리가 향
상시킬 수 있는 것으로 되돌아가서)? 우리는 완벽주의적일
필요는 없지만, 나는 여기서 무슨 일이 일어나고 있는지 추

적하고 싶습니다.

LMP: 아니요. 없습니다. 난 우리가 잘하고 있다고 생각해요. 나는 당신의 피드백이 상대적이고 정곡을 찌르듯 매우 적절하며, 확실히 도움이 된다고 생각해요.

JCN: 당신의 그런 말을 들으니 기쁘군요.

LMP: 그리고 내가 매우 부정적이라고 느낄 때조차도, 긍정적으로 피드백해 주신 것들에 대해 감사드립니다.

JCN: 내가 이것(수퍼바이지의 능력에 대한 부정적인 평가)을 조금이라도 낮은 점수에서 높은 점수로 이동시키는 것을 도와주는 데 있어서 성공적이었나요?

LMP: 약간은, 물론이지요.

JCN: 그렇다면 그건 나에게 충분히 효과가 있었다는 이야기입니다.

수퍼바이저는 의도적으로 병렬 과정 또는 모델링의 한 형태를 한다. 호의적인 평가를 내리는 것에 대한 압박 가능성을 높이고, 심지어 장난스럽게 평가하도록 하라. 그러한 압박이나 욕구는 수퍼바이지가 수퍼바이저를 평가할 때 그리고 내담자가 심리상담을 평가할 때 자연스럽게 발생한다. 요점은 정직함을 장려하고, 그래서 더 유용하고 진정한 피드백을 얻는 것이다.

또한 수퍼바이저는 이번에는 부분적으로만 의식적으로 점진적인 변화가 바람직하고 수용 가능하다는 것을 모델링한다. 그것은 LMP가 내담자와 검사 결과를 검토하는 그녀의 기술에 대한 평가를 '매우 부정적'에서 보다 현실적으로 중립적인 것으로 점진적으로 옮기도록 도울 때 발생한다. 작은 변화들이 '충분한' 것으로 입증되고, 실제로 삶의 규칙이 된다.

모든 심리상담과 수퍼비전 세션에서 자기성찰과 향상의 기회는 언제나 차고 넘친다. 지금도, 축어록을 검토하면서 우리는 잠재적인 개선점을 알아낸다. LMP는 그녀가 너무 자주 'OK'라고 말하는 것을 알게 된다. JCN은 자신이 너무 자주 'So'로 문장을 시작하는 것을 발견하고, 관찰력 있는 동료의 말에 의하면 마치 계획을 세우고 있는 것처럼 그의 손을 움직인다. 비록 우리가 전환과 더불어 서로를 전체적으로는 이해했지만, 아마도 피드백 과정과 읽을거리들의 내용 사이의 전환은 분명하지 않았다. 어떤 경우에는 내용과 읽을거리들의 논의로부터 피드백 과정을 분리하여—순차적으로—처리하는 것이 아마도 더 나을 것이다. 어떤 경우이든, 학습의 한 부분으로서의 피드백은 기대되고, 자연스럽고, 안전해야 한다.

앞의 대화에서 수퍼비전 피드백 점수가 상당히 긍정적이긴 하지만, 수퍼바이저는 수퍼바이지에게 향상시킬 수 있는 영역을 표현하도록 압력을 가했다. '좋은 것을 더 좋게 만든다'는 이러한 주장은 수퍼바이지를 안심시키도록 도와주지만, 그럼에도 불구하고 무슨 요구들이 충족되지 않을 수 있는지 표현할 수 있는 문을 열어 준다. 수퍼바이지들이 가장 많이 요구하는 것 중 하나는 수퍼바이저가 수퍼바이지와 내담자와 관련된 사항에 계속 집중하도록 하는 것이다(Bucky et al., 2010). 수퍼비전에서 정기적인 피드백을 사용하는 것은 수퍼바이지들의 요구들을 충족시키고, 수퍼바이저들도 그들의 이 업무에 충실하도록 하는 가장 좋은 방법이다.

일부 수퍼바이저와 대부분의 수퍼바이지는 처음에는 이러한 직접적인 피드백 과정에 불편함을 느낄 것이다. 수퍼바이저들은 수퍼바이지들이 해야 할 말을 듣고 싶어 하지 않을 수도 있고, 수퍼바이지들은 수퍼바이저에게 부정적인 말을 하는 것을 주저할 수도 있다. 그러나 시간, 연습, 선의를 통해 피드백은 경험의 일부가 되고 수퍼비전을 강화시키니 안심해도 좋다. 앞의 대화에서 수퍼바이저는 수퍼바이지에게, 만약 자신이 수퍼바이지에게 자신을 호의적으로 평가하려는 유혹이 얼마나 심한지 계속해서 물어보면 압력이 전혀 없을 때까지 그 압력이 계속 감소할 것인지 농담조로 물어본다. 진실은 항상 수퍼바이저를 회유하고 싶은 욕구가 있을 것이지만, 신뢰할 수 있는 관계 안에서는 자신의 내담자가 심리상담에 성공하도록 배우고, 돕고자 하는 바람에 의해 그 욕망으로부터는 자유로워질 것이라는 것이다.

7. 맥락/환경

통합적 수퍼비전은 모든 실제 환경에 관련되고 실시된다. 그 맥락은 병원 단위, 주간 프로그램, 외래 환자 진료소, 상담센터 또는 개인상담실일 수 있다. 모든 내담자의 연령과 진단은 비슷하게 광범위하고 다양하다. 나(JCN)는 실제로 모든 맥락에서 통합적 수퍼비전을 제공해 왔고, 이러한 모든 맥락에서 일하는 실무자들에게 제공했다.

흥미롭게도, 입원 환자들과 간단한 외래 환자 세팅들은 그 발달에 있어서 통합에 가장 적합하다는 것을 증명했다. 두 가지 세팅의 간략한 문제 초점은 이전에는 서로 다른 심리상담 방법을 더 가깝게 만들었고 서로 더 잘 호환이 되는 심리상담의 다양성을 만들어 냈다. 통합은 '이 특정 내담자에게 어떤 심리상담이든 더 효과적이고, 더 빠른 것'의 실용적이고 시간 제한적인 명령에 대응한다. 예를 들어, 294명의 HMO(health maintenance organization) 심리상담사들을 대상으로 한 초기 연구에서, 단기 심리상담을 선호하는 HMO 고용의 상관 요소와 이론적 지향으로서 통합의 확산은 거의 두 배가 되었다(Austad, Sherman, Morgan, & Holstein, 1992).

　많은 실무자는 LMP와 같이 임상 경험을 습득할 때 통합에 끌리고, 그들이 순수 형태의 단일치료법에 호의적이지도 않고 완전히 반응하지도 않는 어려운 환자를 심리상담할 때 통합에 끌린다. 예를 들어, 성격장애, 섭식장애, 약물 남용, 외상후 스트레스 장애, 강박증, 만성 정신 질환이 있는 내담자들은 그런 어려운 환자들 중에 속한다. 통합적 심리상담과 수퍼바이저들은 이론적 방향 그 자체보다 임상 문제에 더 중점을 두고 이러한 환경에서 유리한 우위를 차지하는 경향이 있다.

　임상 수퍼바이저들에 대한 도전 과제는 서비스가 제공되는 환경적 맥락에 수퍼비전을 맞추는 것이다. 예를 들어, 최대 14회 세션을 제공하는 대학 상담센터에서 장기 심리상담을 수퍼비전 하는 것은 거의 말이 되지 않는다. 실무자들과 수퍼바이저들은 빠르게 적응하는 법을 배운다. 모든 훌륭한 수퍼바이저는 특정 환경에 수퍼비전을 맞추지만, 통합적 수퍼바이저들은 분명 더 유연하고 체계적이며 경험이 풍부한 것으로 입증된다.

제3장

수퍼비전 방법

통합적 수퍼비전은 심리상담 내용과 교육적 방법에 있어서 필연적으로 절충적이다. 내용 면에서 수퍼바이저의 작업은 이슈가 되는 내담자들의 요구와 수퍼바이지의 요구에 의해 결정된다. 따라서 한 번의 수퍼비전 또는 한 번의 수퍼비전 세션은 수퍼바이지가 집중적인 임상 문제의 심리상담을 위한 구체적인 기법들을 배우는 지시적/교육적 접근법을 수반할 수 있다. 또 다른 수퍼비전이나 동일한 수퍼바이지와의 또 다른 세션은 주로 탐구적인 접근법을 수반할 수 있는데, 그 이유는 내담자의 갈등의 역사적 근원이나 심리상담사의 역전이 문제가 있기 때문이다(Halgin & Murphy, 1995).

방법론적으로, 통합적 수퍼비전은 다양한 심리치료 시스템과 관련된 다양한 기법과 입장이 필요하다. 구조는 기능을 따라야 한다. 상황이 지시하는 대로, 수퍼비전은 강의 중심의 발표, 독서 과제, 공개 토론, 개인 모델링, 경험적 활동, 비디오 검토, 사례 예시 그리고 미니 사례 콘퍼런스가 포함될 수 있다. 수퍼바이저들은 수퍼바이지와 그들의 내담자들이 다양한 개입으로 다루어질 때 그들의 대인관계적 입장을 수퍼바이지들과 심지어 각 수퍼바이지와의 작업에도 조정할 필요가 있을 수 있다.

통합적 임상 작업의 수퍼비전이란, 우리가 주장해 왔듯이 수퍼바이지의 특정한 요구들과 상황의 요구들에 상응할 수 있도록 맞추어져야 한다. 우리는 선별된 수련생들과 제한된 맥락들을 바탕으로 한 보편적 권고에 대해 회의적이다. 행동의 결정 요인들은 너무 많고, 수퍼바이지들의 요구들은 너무 달라서 모든 학생에게 동일한 수퍼비전 경험을 제공할 수는 없다.

이 장에서 우리는 지금까지 설명한 통합적 수퍼비전의 기본 위에 구체적인 방법들을 설명하고자 한다. 즉, 통합적 수퍼비전 방법들을 다루고자 한다. 여기에는 이론적 근거 창출하기, 수퍼비전 방법 선택하기, 그리고 모델링과 지도 및 문서화가 있다.

1. 이론적 근거 창출하기

통합적 수퍼비전의 이론적 근거는 설득력이 있다. 인간은 모두 다르며, 어떤 복잡한 인간과 관련된 일—즉, 수퍼비전, 심리상담, 학습, 관계—이라도 그러한 개별적인 문화적 차이에 체계적으로 적응할 때 인간은 성장한다. 하나의 크기, 하나의 이론, 하나의 방법이 모두에게 잘 들어맞지는 않는다. 변화의 국면에서 나(JCN)는 자주 "반응적이고 효과적인 사람이 되자!"라고 외치는 것으로 알려져 왔다. 훈련생들은 즉시 이 외침에 부응하였고, 우리의 연구들을 이러한 효과를 지지하고 있다.

1) 요구 사정

수퍼바이지들은 항상 여러 가지 안건을 가지고 오는데, 그것들에는 몇 가지 분명한 것들도 있고, 잠재된 것들도 있지만, 심지어는 그들이 미처 알아차리지도 못한 것들도 있다. 임상 작업에서 수퍼비전은 이상적으로 요구 사정으로 시작할 수 있다. 수퍼바이지들이 수퍼비전 경험으로부터 무엇을 원하고 무엇을 필요로 하는가? 그들은 개인적인 성장을 촉진하기 위해 여기에 왔는가? 심리상담의 좌절에 대해 말하기 위해서? 그들의 이론적 충성을 검증하기 위해서? 기술적 약점을 평가하기 위해서? 역전이 반응을 분석하기 위해서? 이 모든 것을 성취하기 위해서(예: '더 나은 심리상담사가 되기 위해') 또는 이 중 어느 것도 해당 안 되거나(예: '내가 당신에게 배정되었기 때문에')? 수퍼비전의 목표는 초기에도 중기에도 재정의될 필요가 있다.

물론 수퍼바이지의 선호는 때때로 합법적 필요와 관련하여 수퍼바이저의 판단과 상충될 수도 있다. 예를 들어, 내가 수퍼비전에서 어떻게 부정적인 피드백을 잘 다루었는지를 물었을 때, 한 상급 수련생은 "그것을 무시해 버렸어요!"라고 진지하게 대답했다. 그러나 이 경우처럼 견해의 차이는 때때로 재치있는 질문에 의해 조기에 발견되어 수퍼비전의 초점이 될 수 있다. 수퍼바이지가 바라는 것들은 표출되어야 하고, 분명히 표현되어야 하며, 고려되어야 하지만 그렇다고 필수적으로 수퍼바이저가 그러한 방향으로 하는 것은 아닐 수도 있다(Norcross, Beutler, & Clarkin, 1990).

2) 체계적 모델

체계적 모델은 주로 통합적 수퍼비전이 이해 가능한 것으로 경험되는지, 아니면 갈피를 못잡게 하는 것으로 경험되는지를 결정한다. 일관성 있는 틀 내에서의 수퍼비전은 더 높은 질의 경험과 관련이 있다(D. M. Allen, Kennedy, Veeser, & Grosso, 2000). 반대로 덜 효과적인 통합적 수퍼바이저들은 그들의 임상적 개입을 더 큰 개념적 관점 안에서 적용하지 못할 수도 있다. 이러한 비체계적 통합적 수퍼바이저들은 큰 그림이 없을 수도 있다. 그 큰 그림은 사례 개념을 조직화하고, 임상 개입의 우선순위를 매기는 포괄적이고 통합적인 구조이다. 다시 강조하자면, 통합적 수퍼비전은 통합적이어야지, 혼합적이어서는 안 된다.

많은 수퍼바이지는 심리상담을 하는 중에 내담자들에 '적합한' 심리상담에 대한 즉각적이고 구체적인 지도를 받기를 원할 것이다. 수퍼바이저들은 수퍼비전을 하는 중에 수퍼바이지의 즉각적인 요구를 다루기를 원할 뿐만 아니라 미래 내담자들을 위해 문제 해결을 돕는 더욱 일반적인 심리상담 선택들을 제공하기를 원할 것이다. 박사 프로그램들의 책임자들에 따르면, 이와 관련하여 가장 빈번하게 사용되는 통합적 모델은 중다양식 치료, 공통 요인 접근법, 초이론적 (변화의 단계들) 모델, 인지-대인관계 치료, 체계적 치료 선택으로 나타난다(Lampropoulos & Dixon, 2007). 우리의 통합물은 주로 체계적 치료 선택, 변화의 단계, 중다양식 모델 그리고 공통 요인들로부터 많이 차용한다. 사실 나(JCN)는 이러한 통합적 모델의 설립자들과 공동 작업을 해 왔고 책도 출간해 왔다. 우리가 피할 수 없는 점은 수퍼바이저들은 체계적이고 증거에 기반한 모델들을 제공할 필요가 있다는 것이다.

이러한 통합적 모델들은 수퍼바이저들이 심리상담 선택의 근거를 명시하고, 수퍼바이지들이 심리상담과 관계 선택을 결정할 수 있도록 안내한다. 주어진 상황들 및 주어진 내담자들에게 적용되는 다양한 심리상담 방향에서 기술적 절차들과 관계 입장들을 선택할 수 있도록 결정 모델들이 제공된다. 즉, 통합적 모델은 다양한 이론과 방법들이 통합적인 이해로 체계화될 수 있는 일관성과 지침을 제공한다. 이에 대한 자세한 내용은 이후에 더 세부적으로 다루고자 한다.

3) 모두/다의 틀

통합적 틀은 둘 중 하나(either/or) 대신에 둘 모두(both/and)를 수용한다. 심리상담의 문화 전쟁은 상담 관계를 심리상담 방법과 맞붙여 왔고, 특수 사례를 보편적 법칙들과 맞붙여 왔다. 수련생들이 한쪽 편을 선택하고, 검증되지 않는 연구는 무시하고, 내담자의 이익에 대한 상위의 책무를 잊어버리는 것은 쉽다. 심리상담에 대해 반박의 여지가 없이 자주 무시되는 진실은 그것이 곧 관계라는 것과 방법이라는 것이다. 통합적 감독에서 우리는 수퍼바이지들을 위해 각각의 최고의 것을 고안하는 것과 수퍼바이지가 각 내담자에 대한 최상의 관계 입장과 기술적 방법을 고안하는 것에 초점을 맞추고 있다. 마찬가지로, 우리는 특수 사례와 보편적 법칙을 융합하는 것과 특정적인 것과 일반적인 것을 융합하는 것을 목표로 하고 있다. 그렇게 하는 한 가지 방법은 연구에 의해 확인된 일반론에 따라 개별 내담자의 세부 사항에 심리상담을 맞추는 것이다. 그럴 듯한 많은 이중성은 고맙게도 통합적 수퍼비전에서 사라진다. 임상 현상은 우리의 서비스를 받는 사람들에게 더 가득 차고, 더 풍부하고, 더 신선하고, 더 중요하게 된다.

2. 수퍼비전 방법 선택하기

수퍼비전 방법의 선택은 ① 검토 중인 심리상담 사례의 목표와 방법, ② 수퍼바이지에 맞추는 반응적 맞춤성, 그리고 가능하다면 ③ 상대적 효용성에 관한 경험적 연구의 결과에 의해 주로 추진된다. 심리상담 사례의 목표에 대한 명확한 감각을 가지는 것이 중요한데, 이것은 수퍼비전 방법에 영향을 미친다(Goldberg, 1985; Tennen, 1988). 수퍼비전 목표는 수퍼바이지에게 내담자-심리상담자 상호작용의 기술적 측면을 가르치는 것부터 내담자에 대한 심리상담자의 정서적 연관에 초점을 맞추는 것까지 다양하다. 전자의 경우, 수퍼바이지들이 기법에 대한 읽을거리들을 읽도록 하는 것, 전문가가 시연하는 비디오를 시청하기, 수퍼비전에서 이를 실제로 해 보기 등이 선택 범위에 들어갈 수 있다. 후자의 경우, 수퍼바이지들에게 비디오를 보거나 과정 노트를 검토할 때 광범위하게 과정을 기록하게 하고, 감정적 반응들을 표현하도록 요구하는 것이 목표와 더 일치함을 증명한다. 수퍼비전 목표는 대개 심리상담의 목표를 반영하며, 심리상담의 목표는 전형적으로 이론적인 관점에 뿌리를 두고 있다.

실현 가능성과 창의성의 범위 내에서, 어떻게 수퍼비전 하는지(방법)는 무엇을 수퍼비전 해야 하는지(내용)와 일치해야 한다. 즉, 수퍼비전 접근법은 치료 접근법을 반영한다(France & Clarkin, 1981). 수퍼바이지의 치료 접근 방식이 구두로 이루어지는 통찰력 중심의 작업을 수반하는 경우, 수퍼비전은 내담자와 수퍼바이저 모두에 대한 학생들의 역전이 반응을 유익하게 탐색할 수 있다. 마찬가지로, 수퍼비전 시간에 수행하는 강의 중심의 수업과 역할 놀이는 특히 더 행동치료 지향적인 접근 방식과 일치한다.

동시에 우리는 수퍼비전을 심리상담의 보완으로 개념화하는 데 있어서 가치를 발견한다. 예를 들어, 역전이에 관한 작업은 통찰력 중심 심리상담의 수퍼비전에만 국한되지 않고, 심리상담에서 그것을 무시하는 경향이 있는 수련생에게도 확대된다(Stricker, 1988).

[수퍼비전 방법 선택의 두 번째, 세 번째 동인(動因)은 이 책의 후속 절에서 다룬다.]

수십 년 동안, 나(JCN)는 여러 가지 수퍼비전 방법을 활용하고 실험해 왔다. 여기에는 그중에서도 실시간 관찰, 공동 심리상담(초보 수퍼바이지들과의), 오디오 녹음 및 비디오 녹화물 검토, 과정 노트, 사례 요약, 세션의 중요 사건에 대한 토론이 포함된다. 각 방법은 그것의 상대적인 장단점이 있으며, 수퍼비전 양자(兩者)는 이러한 수퍼비전 기법에 대해 비공식적인 비용-편익 분석을 수행한다.

공동 심리상담은 초보 심리상담사의 힘과 자신감을 떨어뜨릴 뿐만 아니라 실제적이고 전이적인 관계를 더 복잡하게 만드는 경향이 있다. 나는 초보 상담사에게 필요하다는 점을 제외하고는 그 방법이 유익하다고 느끼지 못한다. 사례 요약과 중요 사건에 대한 리뷰가 때로는 유용하지만, 자주 보다 큰 치료 과정을 모호하게 만들기도 한다. 과거에는 이러한 정보적·관계적 풍성함 때문에 과정 노트를 좋아하기는 했지만 그것들은 종종 객관성이 결여되기도 한다.

일방경 뒤의 관찰은 바람직하고, 상호 일정이 가능할 때는 이루어진다. 수퍼바이지의 역량과 요구에 따라 실시간 수퍼비전은 실시간 관찰의 일부로 관여할 수도 있고, 관여하지 않을 수도 있다. 비디오 녹화는 실제 관찰보다 덜 방해가 되고 보다 덜 산만해 보인다.

중요한 것은, 수퍼바이지의 자기보고와 '심리상담의 재구성된 이야기'(Norcross, 1988)에 의존하던 것에서 일방경을 통한 실시간 관찰과 비디오 영상으로 대체되고 있다는 것이다. 이러한 진전은 심리상담에서 무슨 일이 있었는지에 대한 정보의 정확성과 완전성을 상당히 증가시켰고, 그에 따라 수퍼비전을 강화할 수 있었다. 비디오 녹화는 그 침해적인 성질에도 불구하고 최고의 타협점을 제공하며 수퍼비전 수행에 가장 좋은 방법이라는 합의를 이루었다. 경험적 연구는 비디오로 녹화된 치료 세션의 검토를 지지하는 경향이 있고, 수퍼비전 지침은 이를 장려하며, 여러 관할 기관[예: 펜실베이니아, APA(American Psychological Association accreditation 승인)]은 현재 수퍼바이지의 수행에 대한 최소한의 관찰(비디오 녹화나 실시간)을 의무화하고 있다. 수퍼바이지의 평가(G. J. Allen, Szollos, & Williams, 1986; G. Nelson, 1978)와 경험적 연구(예: M. V. Ellis, 2010)는 직접 관찰과 비디오가 선호되는 수퍼비전 방법임을 나타낸다. 수퍼바이지들은 테이프에 녹화된 자신을 관찰하는 것이 어렵다고 생각하지만, 비디오는 수퍼바이시와 수퍼바이저 모두에게 수퍼바이지가 알지 못했던 패턴과 행동을 포착할 수 있는 기회를 제공한다.

1) 테이프 시청

〈통합적 심리상담 수퍼비전(Integrative Psychotherapy Supervision)〉 비디오에 나오는 논의에서 발췌한 다음의 축어록에서, 수퍼바이저(JCN)와 수퍼바이지(LMP)는 통합적 수퍼비전에서 영상 녹화 세션이 하는 필수적인 역할에 대해 시리즈 공동 진행자인 Hanna Levenson(HL)과 함께 논의하고 있다.

HL: 당신의 세션을 비디오로 촬영하는 것은 어땠나요?
LMP: 비디오테이프를 찍는 것은 나쁘지 않았습니다. 세션 중에 카메라에 익숙해지고 거기에 카메라가 있다는 것을 신경 안 쓰게 되었어요. 신경 쓰이는 것은 찍고 나서 비디오테이프를 보는 것이지요. (JCN과 HL이 껄껄 웃는다.) 결코 편안하지는 않아요. 심지어 지금도, 저는 어느 정도 오랫동안 그것을 해 왔고 그럼에도 지금도 여전히 불편해요. 저는 이것이 제가 불편해하거나 자랑스러워하지 않는 것들을 보여 줄 수 있는 수퍼바이저(JCN)와의 관계를 말해 준다고 생각해요. 이 세션이 잘 되지 않았다는 것을 미리 알고 있었고, 그럼에도 불구하고 보여 주고 싶었어요. 저는 비디오가 매우 중요하다고 생각해요. 수퍼비전이 정말 잘 되었다고 생각할 때가 있는데, 그(JCN)는 제가 비디오로 찍지 않았다면 보지 못했을 곳에서 제가 놓쳤을 것들을 골라 냅니다. 저는 그것이 성장 과정의 일부라는 것을 잘 알고 있습니다.

HL: 고맙습니다. 그리고 John, 비디오의 사용은 어느 정도로 이 접근 방식의 필수 부분이 되나요?

JCN: 그것은 중심이 되지요. 우리는 실제로 무슨 일이 일어나고 있는지 볼 필요가 있습니다. 저도 부연하자면, 또한 비디오 테이프를 보는 것이 결코 쉽지 않습니다. 예를 들어, 때로 저도 '그렇다(so)'나 '맞다(right)'와 같은 단어들을 지나치게 사용한다는 것을 알아차립니다. 그리고 때로는 손으로 무엇을 하고 있는지 알 수 없을 때가 있는 것 같습니다. (미친 과학자가 손으로 뭔가를 만들어 내는 것처럼 표현하면서) 뜨개질을 하는 것인지, 진흙을 만드는 것인지…….

비디오가 녹화된 치료 세션에서 보면, LMP의 내담자는 심리 검사 결과에 대해 눈에 띄게 화가 났지만, 검사 결과를 읽어 내려가느라 아래를 보고 있었기 때문에 수퍼바이지는 그것을 보지 못했다. 수퍼바이지가 검사지로부터 위를(내담자를) 올려다볼 때마다 그 내담자는 동의했다. 동영상이 없었다면, LMP는 아마도 내담자가 내내 동의했기 때문에 Millon 검사의 피드백이 놀라울 정도로 잘 진행되었다고 말하면서 수퍼비전에 왔을 것이다.

그리고 이것이 수퍼비전 중에 비디오를 보기 전까지는 내(LMP)가 생각했던 것이다. 내담자는 어떤 특정 검사 결과를 들을 때 눈을 굴리며 고개를 떨구고 있었다. 나는 검사 피드백을 주는 데 능숙하지도 않고 경험도 없었기 때문에 최상의 세션을 하지 못했다. 마치 내가 해체된 것 같았다. 하지만 나(LMP)는 우리가 비디오를 보기 전까지 내담자들로부터 그렇게 많은 비언어적인 반발이 있다는 것을 전혀 몰랐다. 비록 이 예가 극단적이지만(심리상담의 비디오 촬영을 보면 내담자들이 심리상담사 앞에서 표정 짓는 것은 거의 찾아보기 힘들다), 비디오 리뷰는 세션에서 무엇이 일어나는지 다시 볼 수 있게 해 준다. 단언하건대, 다음 번에 내가 내 내담자들과 검사 결과를 나눌 때는 그들을 똑바로 보고, 그들의 실제 진짜 반응을 표현해 줄 것을 그들에게 요구할 것이다.

비디오를 볼 때, 우리는 내내 수퍼바이지의 의견을 요청한다. 어디에서 막혔다고 느꼈는가? 어디서 일들이 급상승했는가? 그것을 보는 또 다른 방법은 무엇인가? 그 새로운 관점이나 기술은 어떻게 진행되었는가? 수퍼바이저는 논평하기 전에 수련생의 세션에 대한 인상들을 요청하는데, 이것은 수퍼바이지의 자기반영을 강화시키고 수퍼바이저의 판단주의를 완화시키는 순서이다. 수련생들의 즉각적이고 때로는 압도적인 '무엇이 잘못되었는지'에 관한 대답에 대응하는 관찰된 교류의 강점을 확인하기 위해서 우리는 정기적으로 완벽주의적인 수련생들을 조사한다.

수십 년 동안, 실패한 경험은 가장 강력한 학습 자료로 여겨져

왔지만, 최근 연구는 체계적인 반영을 통해서 수퍼바이지들이 그들의 성공과 실패로부터 배운다는 것을 보여 준다(S. Elis, Carette, Anseel, & Lievens, 2014). 즉, 세 가지 기능이 체계적인 반영을 특징 짓는다. 그것은 자기설명(수퍼바이지들은 자신의 행동을 분석하고 제안을 제기하도록 요청받는다), 데이터 검증(수퍼바이지들은 동일한 데이터의 서로 다른 인식으로 도전받는데, 이를 통해 편견을 피할 수 있다), 그리고 피드백(수행 평가와 수퍼바이지들이 그런 수행 결과들을 만들어 냈던 결정들을 체계적으로 분석하도록 돕는다)이다. 이 세 단계는 다루기 힘들지 모르겠지만, 자연스럽고 순차적으로 자기반영을 유도하는 과정에서 발생한다.

① 무슨 일이 일어났고, 그것에 대해 설명할 수 있는 것은 무엇인가? 아니면 B보다 A를 하게 된 계기는 무엇이었는가?

② 다른 접근 방식으로는 무슨 일이 일어났을까?

③ 효과가 있는 것은 무엇이고, 그렇지 않은 것은 무엇인가? 우리는 단계들을 통해 수퍼바이지들을 유도하고 모델화하려고 한다.

수퍼바이지들은 반영을 통해 성공 경험과 실패 경험 모두로부터 배울 수 있지만, 반영의 초점은 바뀐다. 실패 경험을 한 후의 가장 큰 수행 향상은 일반적으로 수퍼비전 양자가 바른 수행과 잘못된 수행 모두에 초점을 맞출 때 발생한다. 그러나 성공적인 경험을 한 후의 가장 큰 수행 향상은 종종 양자가 잘못된 행동만 반영할 때 발생한다. 그것은 심리과학으로부터 얻은 귀중한 교훈이다(S. Ellis et al., 2014). 학습은 신뢰 가능하고, 개방적이며, 양심적 관계 안에서 무엇이 잘못 될 수 있었는지에 대한 훈련받은 반영의 결과로 뒤따라 발생할 가능성이 높다.

또한 우리는 수퍼바이지들이 한두 개의 전체 세션에 대한 축어록을 준비할 것을 강력히 권한다. 특히 수퍼바이지가 유창한 타이피스트가 아닌 경우 이 작업은 끔찍한 시간 소비가 될 수 있지만, 수퍼바이저와 수퍼바이지들은 그 과정이 유익하다고 생각한다. 축어록이나 비디오 분할 부분의 집중적인 관찰은 중요한 교류(대화)의 미시적 분석을 가능하게 한다. 그러한 종류의 분석은(인지적 학습과 대조적으로) 보다 경험적 학습과 보다 암묵적 학습을 촉진한다. 사실, 통합적 수퍼비전에 있어 대부분의 집중적인 미시 분석은 즉시 수퍼바이지들의 역전이적 소재와 개선된 사례 개념화 또는 심리상담 기술을 학습하려는 노력으로 바뀐다.

예를 들어, 나(LMP)는 나의 내담자에게 개방형 질문을 하고 나서 내담자가 대답할 수 있는 충분한 시간을 허락하지 않는다는 것을 여러 차례 발견했다. 내 자신의 불안과 '도움을 주려는' 노력이 심리상담 작업에 방해가 되고 있었다. 세션 축어록을 검토할 때, 나는 내담자의 약간의 망설임 후에 내가 끼어들어 내담자에게 선택할 수 있는 여러 가지 옵션을 제공하곤 했다는 것을 알았다. JCN은 내가 내담자를 편하게 해 주려고 열심히 노력하고 있다고 지적했다. 나는 이것이 반복적인 패턴이라는 것을 발견했고 많은 내담자와 진행 중인 세션에서 그것을 알게 되었다.

내(LMP)가 기록했던 세션의 내담자는 (말을 너무 많이 해서) 내가 말을 꺼내는 데 어려움을 겪었던 내담자이다. 그녀는 심호흡을 한 번 하고는 내가 끼어들 틈도 없이 쉬지 않고 이야기하곤 했다. 그러나 내가 그 세션을 옮기면서, 사실 그녀는 내가 그 대화에 들어

갈 수 있는 여러 기회를 허락했다는 것을 알았다. 나는 그것들을 취하지 않았다. 그러나 50분짜리 세션을 옮겨 적는 데 따르는 시간이 너무 많이 들기 때문에 이를 회피하려고 하는 것은 도리어 중요한 것을 놓친다는 것을 명심하기 바란다. 그럼에도 불구하고 그렇게 하는 것은 나에게 나의 임상적 상호작용과 스타일에 대한 가치 있는 통찰을 주었다. 그것들은 내가 과하게 사용하는 단어들(예: 'OK'와 'uh huh'와 같은)과 향상을 위한 기타 영역을 포함했다.

2) 통합적 방법

이전의 권장 사항들은 이론적 지향들 전체에 걸친 유형들의 합의를 나타낸다. 이제 우리는 수퍼비전 실시를 위한 몇 가지 구별되는 통합적 방법을 제공하고자 한다. 우리는 다음과 같은 것이 우리 자신의 이론적 지평을 넓히는 데 효과적이라는 것을 알게 되었고, 우리는 자연적으로 그것들을 수퍼비전에서 시도해 본다.

- 우리는 서로 다른 이론적 관점으로부터 수퍼비전에서 고려 중인 사례를 공식화하는데, 이는 학생들이 수렴과 논쟁(Saltzman & Norcross, 1990), 심리상담에서 치료적 선택들, 그리고 특정 심리상담에 대해 상대적으로 필요 조치와 금기 조치를 검토하게 한다.
- 심리상담 권고 사항들 중에 수렴점과 논쟁점을 결정하기 위해서 우리는 여러 통합적 관점—공통 요인, 초이론 모델, 중다양식치료, 체계적 치료 선택—에서 동일한 사례를 공식화하는 데 관련하는 보다 정교한 접근법을 시도한다.

• 수퍼비전이 재미없거나 숨막힐 때, 우리는 상담사들을 위한 일련의 '사고 실험'(예: Shapiro, 1986)을 하여 우리의 이론적 블라인더를 들어 올리고 제한된 사고를 해방시킨다. 예를 들어, 당신은 더 이상 당신의 심리상담 접근법의 효능을 믿지 않지만, 당신의 상담은 여전히 성공적이거나 상담비 지불이 폐지된다거나 또는 Albert Einstein이 새로 의뢰되어 온 내담자라고 '사고 실험'을 해 본다.

• 우리는 비디오 녹화 심리상담 세션을 다른 매뉴얼화된 심리상담의 표준화된 형태로 평가한다. 이 세션은 변증법적 행동 요법과 전이 중심 심리상담의 고수 형태에 대해 어떻게 평가하는가?

• 우리는 가끔 초청된 동료와 함께 공동 수퍼비전을 한다. 이 접근 방식은 그 심리상담이 주 수퍼바이저가 덜 익숙한 특정 전문 분야와 관련이 있을 때 특히 유익하다. 예를 들어, 특정 장애에 대한 심리상담을 하기 위한 전문화된 인지상담 기법은 전문가에 의해 더 효과적으로 가르쳐질 수 있다.

• 때때로 어떤 전문가는 잘 안 되고 막혔다고 느끼는 수퍼비전에 도움이 될 수 있다. 체계적인 전통에서 차용된, 감정에 좌우되지 않는 전문가의 아이디어는 정체되어서 좌절감을 주는 사건에 대하여 수퍼바이저와 수퍼바이지에게 신선한 시각을 가져다줄 수 있다. 물론 수퍼바이저가 전지전능하지 않다는 것을 공개적으로 인정하는 데는 약간의 용기가 필요하다.

• 수퍼바이지들이 치료적 관계를 잃어 가며 기법들에 몰두하거나 혹은 효과적인 기법들을 배제하고 관계에 지나치게 몰두하게 될 때, 나는 그들에게 심리상담에서 사람들이 어떻게 변

하는지 생각해 보라고 요구한다. 그들은 둘 중의 하나만 하는 (either/or) 틀이 그들 자신이나 그들의 내담자들에게 최선의 이익을 제공하지 않는다는 것을 재빨리 인정한다. 수퍼바이지들(그리고 때때로 수퍼바이저로서 우리)은 모두 다(both/and) 틀에 다시 집중하게 된다.

- 이 책에서 통합적 작업에 대한 우리의 정의는 다양한 심리상담 모델의 종합을 강조하지만, 초기 장들에서 예고한 바와 같이, 우리는 또한 자조(self-help)와 같은 다른 치유 자원과 함께 심리상담의 시너지를 다루고 있다. 그러한 통합적 의미에서 우리는 수퍼비전에서 특정 문제나 삶의 도전에 대해 내담자가 자조 자원의 도움을 받을 수 있는 가능성에 시간을 할애한다. 이 더 광범위한 관점은 수퍼비전 범위를 확대시키고, 내담자에게도 자조 관련 책, 자서전, 영화, 그룹 또는 앱(app)에 관심이 있는지 없는지 자주 물어보게 된다(Norcross, Campbell, et al., 2013).

3. 모델링과 지도

1) 모델링

비록 모델링이 복잡한 행동을 가르치는 효과적인 절차인 것으로 밝혀졌지만, 그것은 심리상담을 수퍼비전 하는 데 놀랍게도 거의 사용되지 않는다. 생각해 보면, 상당히 놀라운 상황이다. 외과 의사, 음악가, 또는 교사가 그들이 습득할 것으로 예상되는 바로 그 기술을 관찰하지 않는다는 것을 상상이나 할 수 있겠는가? 대부분의 교육자는 심리상담 방법들에 대한 지식을 전수하기 위해 컨설턴트 기법들을 사용한다.

우리와 다른 동료들(예: Lampropoulos, 2003; Norcross & Beutler, 2000)은 수련생들에게 심리상담을 시연하고 모델링하는 것의 엄청난 가치를 강조해 왔다. 수련생들은 임상 수퍼바이저들의 작업을 생산적으로 관찰하고 전문 임상가들의 영상 녹화 일부분을 시청한다. 수퍼바이저들은 훈련 중인 상담사들이 일방경과 비디오 녹화 장치 뒤에서 단지 수동적으로 관찰하는 것이 아니라 상호작용 코딩, 반응 및 다음 움직임을 예측하는 데 참여하게끔 많은 시간을 할애하도록 보장할 수 있다(Vaillant, 1997).

우리의 임상 작업을 수련생들과 공유하는 것은 수퍼바이저가 어떤 것이든 받아들일 수 있는 훌륭한 대화를 시작하게 한다. 그러한 여지는 보다 신뢰적이고 상호적이며 개방적인 관계를 생기게 하는 경향이 있다. 수퍼비전은 심리상담사/수퍼바이저가 마주하게 되는 어려움에 초점을 맞출 수 있으며, 수련생은 통합 치료 세션 내에서 어떤 변화가 일어나는지에 대한 이해를 발달시킬 수 있다.

우리의 경험상 대부분의 수퍼바이저는 그들이 저지른 실수를 논하기보다는 그들이 이룬 성공을 보고하는 경향이 있으며, 따라서 부풀려진 유능감과 자신감을 전달하려고 한다. 이와는 대조적으로, 우리는 우리가 임상 작업에서 싸우고 있는 걱정과 실수를 공개하는 것을 기꺼이 선호한다. 때때로 나(JCN)는 최근의 세션 특성을 나타냈던 한 멍청한 논평이나 빗나간 반영에 대해 공공연히 말한다. 우리는 모두 고군분투하고 있다.

따라서 통합적 수퍼비전에서 정보에 입각한 다원주의와 종합적 사고를 모델링하는 것의 중요성은 아무리 강조해도 지나치지 않다고 할 것이다. 우리의 자녀들과 다르지 않게, 우리의 학생들은 우리가 말하는 것보다 우리가 하는 것을 더 가깝게 모방하는 법을 배운다(Beutler et al., 1987). 그러나 너무 자주 수퍼바이저들은 가치 행동 대신에 가치 진술의 형태로 통합을 가르친다. 수퍼바이저들은 심리상담의 성공과 심리상담의 통합에 있어 중심이 되는 호기심과 예리함을 확실하게 모델링해야 한다.

다음의 발췌문은 통합적 수퍼바이저(JCN)를 모델링하고, 수퍼바이지(LMP)가 감정적 반응들을 공유하는 수퍼비전 세션에서 나온 것이다.

JCN: 당신은 종결 중인 몇몇 내담자가 있지요. 그리고 나는 그것이 말하고 싶어 하는 부분이라는 것을 염두에 두고 있어요. 당신도 알겠지만, 그건 수퍼비전과 심리상담에서의 진정한 역설이지요. 우리는 거의 항상 접수면접을 살펴보지만, 종결을 살펴보지는 않지요.

LMP: 맞아요. 그리고 이들은 1학년, 2학년, 3학년 그리고 현재까지 4년 동안 제가 보아 왔던 그리고 이제는 졸업생으로 떠나려고 하는 첫 내담자들이지요. 그래도 저는 그들이 실제로 저의 첫 종결 내담자라고 말하고 싶지는 않아요. 왜냐하면 그들은 아니니까요. 그러나 저에게는 종결하고 있는 첫 번째 장기 내담자들이기는 합니다.

JCN: 그것은 보통 일이 아니군요.

LMP: 예, 맞아요.

JCN: 그래요. 당신은 그들과 함께 바로 졸업하네요

LMP: 그렇겠지요.

JCN: 읽기 자료에 대한 당신의 관심을 고려해 볼 때, Adelphi(대학)의 Rebecca Curtis의 종결에 대한 마음에 들 만한 요약과 체크리스트가 있어요. 내가 PDF를 가지고 있는데, 당신에게 보내 줄게요.

LMP: 그거 너무 좋겠네요.

JCN: 그리고 그 비디오를 보고 싶어요. 아마도 감정적일 것 같군요.

LMP: 예, 그렇습니다.

JCN: 그리고 당신은 아마도 고민 중일 거예요. 나는 그것을 당신의…… 역전이라고 단순히 말하기는 싫네요. 당신의 감정적 반응. 지금은 당신도 곧 졸업하는 시기이죠. 그것이 당신에게도 힘들겠지요?

LMP: 네, 맞아요. (동의하여 고개를 끄덕인다.)

JCN: 그래요. 좋습니다.

여기서 수퍼바이저는 수퍼바이지가 그녀의 정서적 반응을 세션에 가져오게 한다. 통합적 모델은 세션의 감정적 부분과 반응성을 환영한다. 통합적 감독에서는 어떤 것도 한계를 벗어나지 않는다. 확실히 통합적 작업에만 특유한 것은 아니지만, 심리상담사의 정서적 반응은 심리상담 결과와 관계에 깊은 영향을 미친다.

수퍼비전 세션에서의 이 상호 교류는 과정과 내용 면에서 우리에게 매우 중요한 것 같다. 그 내용은 종결에 관한 것이며, 명백히 심리상담의 핵심 열매 부분이기 때문이다. 장기 상담 후의 감정적 허전함은 어디에나 있다. 이 수퍼바이지는 4년 넘게 내담자들을 본적이 없었기 때문에 다가오는 상실감을 이전에 논의해 본 적이 없었다.

수퍼바이지가 상실을 인정하고 고백하는 과정은 신뢰할 수 있는 관계, 자발적인 수퍼바이지, 그리고 수퍼비전에서 정서적 반응을 공유하도록 하는 사전 모델링과 격려를 통해 가능하게 된다. 종결을 둘러싼 감정들을 무시하면 이상하고 갑작스럽게 느낄 것이다. 수퍼비전 과정으로 인해 수퍼바이지는 나중에 상담 세션에서 내담자와 그녀의 상실을 공유할 수 있게 되었다. 사실, 초보 상담사로서 수퍼바이지는 거의 그녀의 감정에 대해 의견을 나누지 않거나, 내담자들이 종결에 대한 그들의 감정에 대해 의견을 나누게 하지도 않았다.

통합적 수퍼비전의 이런 측면은 나(LMP)에게 새로운 것으로 드러났다. 나는 이전 수련에서는 내담자들과 종결하는 것에 대한 내 감정들과 의견을 나눌 수 있었고, 그랬어야 했다는 것을 결코 깨닫지 못했다. 내 내담자들에게는 얼마나 불행한 일인가. 그들은 아마도 치료 컨베이어 벨트에 올라타 있다가, 때가 되면 그저 끝에서 떨어져 나간 것처럼 느꼈을 것이다. 그러나 내담자들과 나의 감정을 공유함으로써, 나는 나뿐만 아니라 그들에게도 진정성 있게 되었다. 나는 내담자들과의 적절한 반응들과 숙련된 작별인사를 모델링하고 있다. 수퍼비전에서 그런 감정들을 처리하고, 격려되고, 정상화될 수 있다는 것이 신선한 경험이었다. 내(LMP)가 기억을 더듬어 보면, 나의 수퍼바이저(JCN)도 장기 내담자들에게 작별인사를 하면서 눈물을 자주 흘렸다고 털어놓았다. 이것은 내가 수퍼바이저로서 일하는 내내 기억하고 있어야 할 교훈이기도 하다.

2) 지도

통합적 수퍼비전에서 지도에 대해서는 이미 많은 것이 언급되어 있다—세션 사이에 읽을거리들, 전문가 수행 시청하기, 새로운 기술 연습하기 등등. 우리는 수퍼비전 세션을 배우고, 연습하고, 때로는 고군분투할 수 있는 안전한 학습의 장으로 특징짓는다. 아마도 수퍼바이지는 과정에 대한 견해를 표현하는 방법, 정중하게 중단시키는 방법, 감정 과정을 가속화시키는 방법에 대해 고심할 것이다. 여러 가지 방법이 궁리되고 한두 가지가 선택되면, 시간이 허락하는 대로 시연을 하게 된다. 때때로 수피바이지는 세션에서 표현되는 강한 전이나 역전이 감정을 모르고 있기도 하는 것 같다. 수퍼바이저는 자신이 관찰한 것을 공유하고, 수퍼바이지 안에 있는 잠재적 자원을 탐구한 다음, 역전이를 관리하기 위해 연구된 방법들에 관하여 학습을 시킨다(Hayes, Gelso, & Hummel, 2011). 그렇지 않으면, 아마도 수퍼바이지는 특정 환자나 순간에 필요한 특정 치료 방법에 대해 지식이 없거나 숙련되지 않을 것이다. 우리는, 예를 들어 숙고 전 단계의 내담자(precontemplator)를 위한 동기강화상담, 미해결 과제를 처리하기 위한 빈 의자 기법, 대화가 안 되는 파트너들을 위한 커플 커뮤니케이션 연습에 관하여 짧은 개인지도(수퍼비전 사이에 읽을거리들이나 비디오를 가지고)를 할지도 모른다. 모든 것이 수퍼비전에 있어 지도와 코칭의 일이다.

앞서 언급했듯이, 수퍼바이지들은 또한 숙련된 심리상담사들이 접근법을 개발하기 위하여 얼마나 고군분투했는지 배우게 됨으로써 많은 것을 얻을 수 있다. 이것은 수퍼바이저 자신의 궤적을 공유하거나 다른 통합적 상담사들에 대한 자료들을 읽음으로써 발생할 수 있다(Goldfried, 2001).

'반응적인 수퍼바이저들이 어떻게 반응하는 상담사들을 훈련시키는가'라는 부제가 붙은 최근 논문(Friedlander, 2015)은 수퍼비전 내에서 학습 시간이 이루어지는 관계적 맥락을 아름답게 묘사하고 있다. Friedlander는 수련생들이 동맹의 결렬, 치료 관계의 긴장감과 단절을 회복하는 것을 돕기 위한 몇 가지 실용적인 관계 전략을 설명했다. 그녀는 모델링, 수퍼비전 동맹, 반응성, 지도 시간이 수퍼바이지의 성장을 촉진하는 데 원활하게 진행된다는 것을 설득력 있게 보여 주었다. 모델링과 학습 시간이 관계를 개념적 범주로 분리하는 것은 가능하지만, 여기서와 같이 수퍼비전에서 우리의 경험은 그것들이 실제로 현실에서 거의 분리될 수 없다는 것을 보여 준다.

4. 문서화

통합적 수퍼비전에서 문서화는 아마도, 시작부터 다른 이론적 방향에서 수행되는 수퍼비전과 다르지 않을 것이다. 수퍼바이저들은 수퍼비전 세션의 서면 메모를 지속하고, 필요에 따라 서면 평가를 작성하며, 수퍼바이지의 세션 노트, 접수면접 보고서 그리고 퇴원 보고서(임상 환경에 따라 다름)를 검토한다. 모든 책임 있는 직책에는 의무적인 서류 작업이 딸려 있다.

유일한 출발은 통합적 수퍼바이저가 상담 방법 선택 근거를 간결하게 문서화해야 한다는 주장에 있다. 많은 접수면접 보고서는 내담자 기록, 건강 검진, 검사 결과에 대한 광범위한 설명을 해 주지만, 결국 동일한 상담 접근 권장 사항인 매주의 개인 심리상담으로 귀결된다. 또는 세션 노트는 특정 임상 교류에 집착하지만 상담 목표, 지시, 또는 결과에 대한 감각이 부족하다. 이와는 대조적으로, 2장(이 책)에 기술된 통합 평가와 마찬가지로, 우리는 상담 방법 선택을 안내하는 다수의 내담자 고려 사항에 대한 임상 문서화에 대한 설명을 모색한다.

이것을 '~할 때, 그러면(when ... then)' 공식이라고 생각해 보자. 내담자가 이러한 진단, 목표, 선호, 문화, 변화의 단계 등을 나타날 때(when), 그러면(then) 이 상담 접근은 연구들의 증거에 의해 권장된다. 만약 상담 권장 사항의 근거가 보고서에 요구된다면, '심리상담사가 선호하는 이론 지향'은 당황스러울 정도로 많은 사례에 기록될 것이다. 그러나 이는 각 개인의 목표, 선호, 성격 및 문화에 대응한 체계적이고 증거에 기반한 치료 선택 과정에 대한 통합적 주장의 핵심에 부딪히게 될 것이다.

5. 수퍼비전 조정하기

통합적 심리상담의 가장 매력적인 (그리고 효과적인) 특징 중 하나는 개별화된 상담 방법이 각 내담자에 맞춰질 수 있다는 것이다. 통합적 수퍼비전에 대해서도 유사 원칙이 적용된다. 각각의 수련생들을 위해, 스타일, 단계, 선호, 경험, 복잡성 및 기타 고려 사항을 기반으로 개별화된 수퍼비전 계획을 수립할 수 있다. 우리가 학생들에게 임상 작업에서 중다이론적으로 규범적으로 행동하도록 요구하는 것처럼, 우리도 그들 고유의 요구와 임상 전략에 우리의 수퍼비전을 맞춰야 한다.

통합적 수퍼비전은 분명히 많은 수련생의 변수를 고려할 것이다. 수퍼바이저들은 내향성 대 외향성과 같은 성격이나, 도전의 필요성 대 지원의 필요성과 같은 성격 특성을 평가하고, 수퍼바이지가 자신의 목소리를 개발하고 발견하는 데 도움이 되도록 이러한 특성을 고려한 수퍼비전 전략을 개발한다(Lampropoulos, 2003). 비록 우리가 모든 가능한 수퍼바이지 변수와 그러한 변수의 순열을 선험적으로 명시할 수는 없지만, 우리의 수퍼비전 경험과 연구 문헌(예: Holloway & Wampold, 1986; McNeill & Stoltenberg, 2016; Norcross & Halgin, 1997)은 여섯 가지 수련생 특성에 맞춤으로써 수퍼비전 성과를 향상시킬 수 있음을 시사한다. 이 여섯 가지 특성은 수퍼바이지 선호, 발달 단계, 심리상담 접근, 인지 스타일/반응성 수준, 문화 정체성 및 임상 환경이다.

1) 수퍼바이지 선호

임상 작업에서처럼, 우리는 수퍼바이지들의 표현된 욕구와 진정한 요구를 이끌어 내려고 노력한다. 그리고 내담자들과 마찬가지로 우리는 수퍼바이지의 표현된 요구를 진지하게 고려하지만 그것들에 구속되지는 않는다. 그것들은 우리의 논의와 최종 수퍼비전 계약의 초기 근거를 형성한다(이 책 2장에서 자세히 설명).

요령 있는 질문과 민감한 질문은 선호하는 인지 및 대인관계 스타일을 밝혀 줄 수 있다. 다른 사람의 피드백을 어떻게 가장 잘 참는가? 최악의 수퍼비전 경험은 어땠는가? 어떻게 하면 심리상담에 대해 가장 효과적으로 배울 수 있을까? 어떤 종류의 수퍼비전 관계가 당신에게 효과가 있는가? 우리의 수퍼비전 세션을 통해 무엇을 성취하길 바라는가?

2) 발달 단계

방대한 연구는 수퍼바이지들이 발달 수준을 통해 성장한다는 것을 보여 준다(McNeill & Stoltenberg, 2016). 연구에 따르면 특정 수퍼비전 스타일이 다양한 수준의 경험에 있는 수련생들에게 차별적으로 효과적이라고 한다. 초기 단계에서 초년생들은 높은 동기를 부여받고 그들의 수퍼바이저들에게 매우 의존적이 되는 반면, 후반 단계에서는 상급생들이 더 성교한 사례 개념화를 추구하고 내담자들의 개인차에 더 잘 맞춘다. 통합적 수퍼비전은 우리가 반복적으로 주장해 온 것처럼, 상급생들에게 맞춰져 있고 권해지고 있음을 바로 알 수 있다.

발달 궤적을 과잉단순화하자면, 초보생들은 특정한 면접과 상담 기법의 습득에 가장 관심이 많다. 상급 실습생들은 대체 공식의 개발에 더 관심을 기울이는 것으로 보인다. 그리고 인턴들은 상담에 영향을 미치는 개인적인 역동 조사에 가장 흥미로워하는 경향이 있다. 약간 다른 공식(Heppner & Roehlke, 1984)은 초보 수련생들이 지지를 추구하고, 중간 발달 수준의 수련생들은 그들의 개념적 기술과 이론적 지식을 확장하기를 원하며, 훨씬 더 고급 단계의 수련생들은 상담을 제공하는 능력에 영향을 미칠 수 있는 개인적인 문제들을 탐구하고 싶어 한다고 상정한다는 것이다. 어느 단계 모델과 마찬가지로, 단계들은 분명히 중복되고 강조점들은 절대적이기보다는 상대적이다.

이러한 관찰과 연구로부터, 우리는 수퍼비전 목표가 수련생의 발달 단계를 반영해야 한다는 결론을 도출한다(Guest & Beutler, 1988). 수퍼비전 목표는 기법적 기술에 대한 상당한 지원과 전문적 기술 훈련으로 시작하여 보다 복잡한 이론적 개념을 고려하는 단계로 나아가야 하며, 마지막으로 이론과 기술을 개인적 반응 패턴에 견고히 하면서 통합하는 작업에 노력해야 한다. 이러한 후자의 기술들은 대인관계 역학, 특히 전이와 역전이에 특별히 초점을 맞추는 것을 포함한다. 과잉단순화한 측면으로 보면, 수퍼바이지들은 기교에서 지식으로, 그리고 자기 자신으로 이동한다.

숙련된 수퍼바이지들과 함께, 나(JCN)는 심리상담 수퍼비전에서 상호성을 위해 노력한다(Phillips & Kanter, 1984). 그 교류는 상호 탐색와 양방향 대화의 과정이다. 비록 나의 전문적 책임을 다하지 않으려 하는 것은 아니나, 우리 사이의 지식과 힘의 차이가 있다는 것도 인정하지만, 나는 공감하고 협력적인 관계를 위해 노력한다. 그러한 관계는 더 많은 것을 하도록 활력을 주고 영감을 준다. 협력적 수퍼비전이란 오래된 기술에 새로운 생명을 불어넣고, 때로는 경험 많은 수퍼바이지에게 지치고 재미없는 경직된 접근법을 수정하는 계기가 되기도 한다.

또 다른 단계 이론(Loganbill, Hardy, & Delworth, 1982)에 따르면 수퍼바이지는 3단계—침체, 혼란, 통합—를 거쳐 발달한다. 침체기 동안 초보자는 임상 업무에서 단순하다는 착각을 갖는다. 이후에는 혼란의 단계가 따라오는데, 그 단계에서 수련생은 무언가가 잘못되었다는 것과 해결책을 찾기 힘들어 보인다는 것을 깨닫는다. 나중에 가서야 수퍼바이지는 통합감을 얻는데, 이 훈련에서 유연성, 안정감, 이해가 나타난다. 따라서 수련생이 훈련 초기에 통합을 이루기를 초조하게 기대하는 수퍼바이저들은 실망, 좌절, 감소된 자존감이 생길 가능성이 높다.

나(LMP)는 확실히 이러한 수퍼바이지 발달 단계를 거쳤다. 수퍼
비전 초기에 나는 더 많은 도움과 방향이 필요했다. 나는 조용하고
온순해서 배우고자 했지만, 내 능력에 대해서 적극적으로 참여할
수 있을 만큼 충분히 자신이 없었다. 나는 심리상담사로 발달해 가
면서 더 많이 참여하기 시작했고, 수퍼비전이 자극이 된다는 것을
알았다. 내담자에 관해 경험 많은 심리상담사의 지혜를 얻는 특권
만큼 굉장한 일은 없다. 임상 경험으로 나는 내담자의 요구를 내 자
신의 소심함과 불안을 넘어 우선으로 두기 시작했다. 나는 성장해
서 더 나은 심리상담사가 되고 싶었다.

요점: 일련의 단계를 거치며 수퍼바이지들은 발달한다. 그리고
수퍼바이저는 각자의 경험 수준에 따라 다르게 반응할 필요가 있
다(Worthington, 1987). 물론 이것이 가장 중요한 통합의 원칙이다.

3) 심리상담 접근

우리는 어떻게 수퍼비전 방법이 수퍼바이지에 의해 수행되는 심
리상담 방법을 일반적으로 반영하는지를 이미 다루었다. 수퍼바이
지가 한 내담자를 위해 심리상담의 한 형태를 실시하고, 또 다른 내
담자를 위해서는 또 다른 형태의 심리상담을 실시할 때(예: 오후 2시
에 내담자를 위한 감정 중심 개인상담을 실시하고 오후 3시에는 인지행
동 집단상담을 실시하는 것) 이 반영은 더 복잡한 노력으로 진화한다.
심리상담 방법과 상담 형식의 그러한 빈번한 전환은 아마도 수퍼
바이지와 수퍼바이저로부터 더 많은 에너지, 유연성 및 능력을 요
구할 것이다.

4) 인지 스타일과 반응성 수준

대부분의 연구는 수퍼바이지들한테 수퍼비전을 맞추는 데 있어서 수퍼바이지의 개념 수준이 또 다른 중요한 고려 사항이라는 것을 보여 준다. 한 가지 측면은 수퍼바이지들의 개념적 복잡성 수준을 말하며, 학생들의 자기주도성 정도, 개념을 생성하는 능력, 모호함에 대한 내성을 포함한다(Handley, 1982). 개념 발달 수준이 높은 수퍼바이지들은 자기주도적인 교육적 접근 방식에서 더 많은 혜택을 받는 반면 개념 발달 수준이 낮은 수퍼바이지들은 외부 지향적이고 외재적으로 통제되는 수퍼비전에서 더 나은 성과를 나타내었다.

인지 스타일과 유사한 수퍼바이지의 대인관계 특성은 반응성, 즉 외부 지시와 인식된 권위에 반대적으로 반응하는 경향이다. 앞에서 반응성을 내담자 변수로 검토했지만 강력한 수퍼바이지 특징으로도 나타난다. 심리상담사의 지시에 저항하는 고반응성 내담자처럼, 고반응성 수퍼바이지는 지시적인 수퍼바이저에게 저항하기 쉽다. 이런 수퍼버이지는 수퍼바이지의 경험에 초점을 맞추고, 기술적 절차를 권할 때 덜 직접적인, 성찰적이고 좋은 생각을 떠올리게 하는 수퍼바이저와 가장 잘 할 것 같다(Tracey, Ellickson, & Sherry, 1989).

수퍼바이저는 어느 정도로 지시적이어야 하는가? 상황에 따라 다르다. 그것은 수퍼바이지의 선호, 인지 스타일, 반응성 수준, 문화 정체성에 따라 달라진다.

5) 문화 정체성

심리 서비스가 내담자의 문화에 맞춤으로써 향상된다는 것을 연구가 입증하듯이(Bernal & Rodriguez, 2012), 수퍼비전을 수퍼바이지의 문화에 맞춰 조정함으로써 수퍼비전은 향상된다. 우리는 수퍼바이지들에게 그들의 문화적 정체성—그리고 그러한 다양한 정체성의 교차점(Netles & Balter, 2011)—중 어떤 것이 그들의 자아정체감과 수퍼비전 업무에 중요한 역할을 하는지 신중하게 묻는다(Inman & DeBoer Kreider, 2013). 문화적인 것으로 우리는 실제 연령, 장애 상태, 인종과 민족, 성적 취향, 성별, 종교, 토착유산과 같은 정체성의 모든 중요한 차원을 언급한다.

우리는 모든 수퍼비전이 다문화적이라는 것에 동의하며(Chopra, 2013), 수련생이 중요하다고 지목하는 문화적 정체성에 통합적 수퍼비전을 명시적으로 맞추려고 노력한다. 자신의 수퍼바이저가 문화적으로 반응적이라고 느끼는 수퍼바이지는 보다 생산적인 수퍼비전을 경험한다(Burkard et al., 2006). 백인, 이성애자, 신체 건강한 사람이 사회와 수퍼비전에서 특권적 지위를 차지하고 있기 때문에, 나(JCN)는 나의 잠재적인 민족 중심적 편견에 특별한 주의를 기울일 필요가 있다.

문화적으로 수퍼비전을 조정하는 방법은 잠재적으로 무한하지만, 보다 빈번한 방법은 언어 선택에 주의를 기울이는 것, 심리상담에서 문화제국주의의 역사를 인정하는 것, 토착 상담사들과 협력하는 것, 문화 적응 분리 문제를 다루는 것, 그리고 수퍼비전에서 권력-억압 역학을 추적하는 것들로 이루어져 왔다. 최근 두 명의 수퍼바이지, 한 명은 휠체어에 타고 있는 내담자와의, 다른 한 명은 무슬림 여성과의, 상담에 대하여 가져왔는데, 이는 나에게 사회적 편협성과 나 자신의 근거 없는 가정들에 대한 강력한 교훈을 가르쳐 주었다. 수퍼바이저는 이러한 모든 문제에서 전문가임을 증명할 필요가 없다. 오히려 문화적 역량의 목표에 접근하는 것은 수퍼바이저의 문화적 인식, 배우려는 의지, 문화적 겸손이다.

6) 임상 환경

이전 장에서 우리는 반응적 수퍼비전이 서비스가 제공되는 임상 환경에 어떻게 맞는지에 대한 개요를 제시했다. 여기에서 우리는 그 점을 반복하고, 수퍼바이지와 동일한 임상 환경에서 일하지 않는 수퍼바이저가 해당 환경의 내담자, 진단, 서비스, 정책, 문서 및 관행에 대해 알고 있어야 한다고 촉구한다. 여러 인증 표준 및 수퍼비전 지침에서는 이런저런 이유로 수퍼바이저들이 현장에 물리적으로 있어야 한다고 요구한다

여섯 가지 수퍼바이지 특성—수퍼바이지 선호, 발달 단계, 심리상담 접근, 인지 스타일/반응성 수준, 문화적 정체성, 그리고 임상 환경—에 반응하여 주의를 기울이는 것은 통합적 수퍼바이저가 수퍼비전을 체계적이고 효과적으로 수퍼바이지 개인의 필요에 상응하여 맞추는 것을 가능하게 한다. 이 수퍼바이지들의 특징들이 주어진 어느 시점에 관련되고, 어떤 것들이 바로 중요하지 않는지 아는 것이 첫 번째 요령이다. 두 번째 요령은 수퍼바이지들을 인위적으로 이러한 판에 박힌 틀에 넣지 않는 것이다. 지속적인 요구 사정과 솔직한 토론은 유일하고 고유한 수퍼바이지—수퍼바이저 양자 관계에 맞는 것들을 나타낼 것이다

유사한 인지 스타일이 가지고 있고 비슷한 훈련을 받았더라도, 각 수퍼바이지는 개별적 스타일을 나타낸다. 이러한 스타일은 각 수련생의 개인적 표현 양식(Hogan, 1964)으로 분류되어 왔는데, 이는 성격과 방법의 독특한 결합이다. 이러한 개별화된 스타일에 맞추는 수퍼바이저들은 분명히 적절한 한계 내에서 수련생이 상담에 득이 되는 특별한 속성을 사용하는 데 도움을 줄 수 있다. 반면에, 각 연습생들의 개인화된 접근 방식을 알아차리지 못하고 제대로 인식하지 못하는 수퍼바이저들은, 만약 자신의 스타일이 수련생에게 무의식적으로 강요되고 있다면 상당한 곤란을 야기할 수 있다.

6. 수퍼비전 형식 혼합하기

통합적 수퍼비전은 개인 및 그룹 형식으로 실시된다. 전자는 개별 사례의 수퍼비전에 전념하며 비디오 녹화 부문, 개별 평가, 수퍼바이지 반응, 그리고 우리가 동료 집단에서 공유하지 않기를 원하는 그러한 민망한 순간들에 대해 보다 집중적인 탐색을 가능하게 한다. 그룹 수퍼비전은 수많은 교육학적 방법과 팀원을 결합한다. 대표적인 예로는 교육적 발표, 독서 과제, 토론 시간, 개인 모델링, 그룹 역할극, 경험적 활동, 비디오 데모, 사례 예시 그리고 초간편 사례 발표회가 있다. 그룹 수퍼비전 맥락은 수련생들에게 그들의 작업을 동료들과 공유할 수 있는 중요한 기회를 제공하고, 동시에 참여하는 동료들과 상급 수련생들의 집합적 지혜를 이용한다.

둘 다(both/and)의 통합적 틀에 따라, 우리는 각각의 강점을 활용하기 위해 개인 수퍼비전과 그룹 수퍼비전을 혼합한다. 일반적으로 효율성과 동료 지원을 위한 그룹 수퍼비전과, 지속된 개인의 관심을 위한 개별 수퍼비전을 혼합한다. 또한 단체들은 종종 구성원들이 서로 대리적으로 배우고, 그 과정에서 비공식적으로 동료 수퍼바이저로서 역할을 하는 응집력 있는 공동체를 만든다. 통합적 심리상담사를 키우는 것은 온 동네가 다 협력해야 할 정도로 대단히 힘든 일이다.

제**4**장

수퍼비젼의 구조와 과정

통합적 수퍼비전 세션에서는 무슨 일이 일어
날까? 우리는 광범위하게 사례에 기반하여
세션들의 구조와 과정을 살펴봄으로써 이 질문에 답하고자 한다.

'전형적인' 통합적 수퍼비전의 세션에 대해서는 말할 것이 많지
않다. 왜냐하면 개별적인 수퍼바이지에게 너무나 많은 것이 개인화
되기 때문인데, 그 수퍼바이지는 병렬적인 방식으로 개별 내담자들
에게 상담을 개인화한다. 그러나 나(JCN)의 시작과 끝은 전형적이
고 거의 기계적이다. 한 기민한 수련생이 관찰한 바에 따르면, '북엔
드(book ends)(시작과 끝)는 동일하지만, 그 사이에는 결코 동일하지
않다. 전부 다 다르지 않은가?' 바로 그렇다.

1. 통합적 수퍼비전은 일반적으로 어떻게
   시작하는가

개별적인 수퍼비전 세션은, 대체로 사교적인 인사 교환 그리고
음료수를 제공한다. 그리고 보통 지난주에 남아 있는 미해결 문제
들에 관한 간단한 토론과 지난주에 우리가 탐색했던 주제나 기술
에 대한 후속 작업을 시작한다. 그러면 나는 "오늘 다루어야 할 임
상적으로 급한 일은 있나요?"라고 묻는다. 그것은 우리에게 세션에
대한 어떤 긴급하거나 우선순위의 주제들로 이끈다. (뒤에 몇 번의
수퍼비전 세션을 하고 나서는, 대부분의 수련생은 나의 질문을 예상하고
스스로 무엇부터 시작할지에 대한 경로를 찾아온다.)

상급 수련생들은 일반적으로 수퍼비전 계약에 따라 세션에 대한

자신의 이슈를 가져오기도 한다. 수퍼바이저는 그 이슈에 항목을 가끔 추가하기도 하는데, 예를 들어 수퍼비전에 대한 명시적인 수퍼바이지의 피드백이나 또는 기술 부족으로 야기되는 것들에 대한 것들이기도 하다. 그러나 초보생들은 더 많은 구조를 필요로 하기에, 이슈와 주제를 공동으로 만든다. 이 경우 수퍼바이저는 더 지시적이고, 수퍼바이지의 발달 단계를 고려하여 조정하지만, 그럼에도 항상 협력적으로 접근한다.

다음의 인용 대화 일부는 우리(LMP와 JCN)의 수퍼비전 세션의 시작에서 가져온 것이다. 수퍼바이저는 어떻게 수퍼바이지가 지내는지, 학년의 마무리는 어떻게 되어 가는지 물어본다. 수퍼바이저는 어떤 급한 문제가 있는지 물어본다. 수퍼바이지는 그렇다고 말한다. 위기에 처한 내담자를 꺼냈다. 수퍼바이저는 우리가 그 내담자에 대해 전에 의논한 적이 있는지 묻는다. 수퍼바이지는 아니라고 말한다. 수퍼바이저는 시간을 염두에 두면서, 세션에서 수퍼바이지가 이야기하고 싶은 또 다른 것이 있는지를 물어본다. 수퍼바이지는 자신이 치료의 성공에 대한 내담자 피드백을 수집한 세션 영상과 다른 내담자와 심리 검사 결과를 나눴던 영상을 갖고 있다고 답변한다.

그것은 통합적 수퍼비전 시작에서 전형적인 상호작용이다. 우리는 '임상적으로 긴급한 일들'에 대해 확인하고 나서, 그다음 상급 수련생은 대체로 안건을 정한다. 왜냐하면 그들은 어디에서 그들이 막혔는지 알고 있기 때문이다. 수퍼바이저와 수퍼바이지는 서로 편안한 영역을 개발해 왔다. 분명한 목표, 유연한 의제, 반응하는 관계, 그리고 언제나 갑자기 발생하는 급한 문제들에 대한 우선사항이 있다.

2. 사례 예시: 다양한 가설

통합적 수퍼바이저들은 임상 현상에 대한 다양한 가설을 적극적으로 구축한다. 우리의 반항적이고 심지어 전복시키기까지 하는 목표는 고착된 사고를 깨부수고 기준의 틀을 넓히는 것이다. 단일 이론의 렌즈로 수퍼바이저가 "자, 그것은 분명히 X, Y, Z입니다."라고 성급하게 선언하는 대신, 우리는 정보에 입각한 다원주의의 렌즈로 몇 가지 그럴듯한 가능성을 선택한다.

이 수퍼비전 일부는 이전 장에서 처음 설명한 갈등에 대해 더 깊이 다루고자 한다. 다음 축어록에서 수퍼바이저(ICN)와 수퍼바이지(LMP)는 비디오로 녹화된 지난주 상담 세션에서 따온 동영상을 본다. 그 후에 수퍼바이저가 관찰한다.

JCN: 음, 나는 지금이 멋진 순간이라고 생각해요. 내담자가 갈등을 겪고 있네요. 그럼 당신이 세운 몇 가지 가설을 봅시다.

LMP: 예.

JCN: 내담자의 진단 프로파일부터 시작해 봅시다.

LMP: 예.

JCN: 내담자는 회피적이고, 우울하고, 의존적인 성격과 마조히즘(masochistic)에서 꽤 높은 점수(98/99)이군요.

LMP: (고개를 끄덕인다.)

JCN: 그것이 이 내담자에게 적용될 수 있는 것처럼 들리나요?

LMP: 예, 당연히 그럴 것이라고 생각합니다.

JCN: 그런데 만약에 내담자가 이러한 검사 결과를 믿을 수가 없다고 하면 이 내담자의 상태는 어떨 것 같나요?

LMP: 죄책감.

CN: 죄책감, 그래요. 버림받은 것에 대한 두려움. 그녀가 당신을 해치고 있어요.

LMP: 예, 그렇네요!

JCN: 지금 이 내담자는 몸으로 이야기하는 것과 말로 이야기하는 것은 전혀 다른 것 같네요.

LMP: 예, 그렇네요. 저는 검사 결과지를 보느라, 내담자의 몸이 그렇게 말하는 것을 미처 알아차리지 못했어요.

JCN: 맞아요. 하지만 그런 일들은 현장에서 불기피하게 일어나기도 하지요.

JCN: 그래요. 그것들 중 일부는 불가피하지요.

LMP: 예.

JCN: 당신은 지금 이 순간이 본인에게 꽤 힘든 시간인 것 같군요.

LMP: 예. 왜냐하면 제 스스로 "좀 제대로 봐! 제대로 봐! 넌 지금 이런 것들을 놓치고 있잖아! !"라고 말하면서 비디오테이프을 보고 있기 때문이에요.

JCN: 맞아요. (웃는다.)

LMP: 만일 제가 이 비디오테이프를 가지고 있지 않았다면 어떠했을지 상상이 되네요!

JCN: 그래요. 그래서 회피하고 의존적인 사람은 이런 끊임없는 불안의 순환고리에 갇혀 있는 것 같아요. 호감받고 사랑받으면서 배려받기를 원하지요. 그래서 때때로 지각된 거절을 피하기 위해 무슨 말이든 하는 것 같아요. 이것 또한 하나의 가설이에요.

LMP: 예. 그런 것 같습니다.

JCN: 당신은 이것을 설명할 수 있는 다른 가설이나 대안을 생각
     할 수 있나요?

LMP: 예, 그녀는 또한 본인 자신과도 사이가 좋지 않다고 생각
     해요.

JCN: 와우~ 훌륭한 표현이네요…….

우리는 통합적 접근의 전통에서 여러 가지 원인과 더불어 임상
적 현장에서 일어나는 것들에 대하여 다양한 관점을 믿는다. 우리
는 수퍼바이지들을 이론들의 족쇄로부터 해방시킴과 더불어 개념
적으로 편협해지는 것으로부터 벗어날 수 있도록 격려한다. 즉, 우
리는 다원적인 현실을 바라본다. 다양한 가설을 물어보는 것은 다
른 의미를 탐구하는 데 도움을 준다. 이는 우리를 포괄적이고 종
합적으로 생각하도록 돕는다.

3. 사례 예시: 통합적 개념화와 심리상담 조정

이 녹화된 비디오에서 수퍼바이지와 수퍼바이저는 여대생인
내담자의 선호성과 심리상담 조정에 대해 논의한다. 수퍼바이지
(LMP)는 내담자에 대한 심리상담 세션 비디오를 시청한 후, 그녀
가 내담자의 요구에 충분히 귀를 기울이지 않고 자신의 관심사에
너무 집중하고 있다고 생각했다. 비록 그것이 수퍼바이지가 원하
는 만큼 물흐르듯이 잘 돌아간 것은 아닐지라도, 내담자의 향후 심
리상담을 안내하기 위해 도리어 내담자로부터 상당한 양의 유용한

정보를 얻었다는 사실을 통하여 수퍼바이저(JCN)는 수퍼바이지를
안심시킨다. 수퍼바이저는 수퍼바이지에게, 임상에서의 실제를 더
통합할수록 내담자의 선호와 변화 단계를 평가하는 과정이 더 자
연스럽고, 체크해야 할 리스트가 더 적어질 것이라고 확신시켰다.

나(LMP)는 실제로 내담자들과 몇 번의 세션을 거친 후에, 내담
자들의 선호를 평가하는 것은 접수면접 세션에서 적극적으로 해
야 하는 것임을 알게 되었다. 그것은 확실히 체크리스트와는 다르
게, 개인의 욕구를 제대로 평가하고자 하는 진정한 욕구에 가까워
졌다. 거듭 강조한다면, 통합적 수퍼비전의 목표는 생각없이 깃발
을 흔드는 통합주의자가 되도록 돕는 것이 아니라 사람들이 실제
로 통합적으로 사고하도록 돕는 데 있다. 이것이 바로 내가 훈련하
는 과정이다.

통합적 사례개념화와 심리상담 조정에 전념한 수퍼비전 세션의
대화록은 다음과 같다.

> JCN: 자, 오늘은 여기까지만 (수퍼바이지의 내담자와 작업한 세
>   션의 비디오 영상을) 보겠습니다.
> LMP: 예.
> JCN: 예, 그렇다면 이것(비디오 촬영된 심리상담의 일부)에 대
>   한 당신의 느낌이나 평가는 무엇인가요?
> LMP: 글쎄요, 저는 제가 원했던 모든 것을 얻었다고 생각해요.
>   하지만 그것 또한 문제지요. 저는 내담자의 말을 충분히 듣
>   지 못했어요. 저는 관심을 가지고 있던 저만의 의제가 있었
>   어요. 마치 숙제를 해내야 하는 것처럼 이런저런 것들을 탐
>   색하느라 정신이 없었어요. 사실 "좋아요, 무슨 일인가요?

괜찮으세요?"라고 물어봤어야 하는데…… 사실 저의 내담
자는 자신이 어떻게 확신하지 못하는지에 대해 계속 이야
기했어요. 엄청 불안해하면서…… 저는 그녀가 느끼는 불
안감에 초점을 맞추면서 그녀와 조금 더 많은 시간을 보냈
어야 했어요(내담자의 불안에 초점 두기).

JCN: 예, 때때로 자신이 정한 과업들을 채우는 데 몰두하다 보면
있는 그대로를 보기가 어렵지요.

LMP: 예, 맞아요.

JCN: 예, 하지만 당신은 그 대신에 내담자로부터 많은 자료를 받
았어요.

LMP: 예, 맞아요.

JCN: 당신은 그녀가 소위 숙제나 세션 간 과제를 원한다는 것을
알게 되었지요. 그녀는 약 없이도 지금처럼 괜찮아요.

LMP: 예, 그녀는 약을 원하지는 않아요.

JCN: 맞아요. 그냥 그대로 두세요.

LMP: 예, 그런 것 같아요.

JCN: 당신은 그녀가 당신을 포함한 모든 사람에게 의존적이고
타인 지향적인 패턴을 가지고 있다는 것을 다시 한번 확인
했지요.

LMP: 예, 그런 것 같습니다.

JCN: 여기는 아주 훌륭한 연결이었습니다. "제 남자친구를 기쁘
게 하기 위해 저는 모든 것을 하고 있어요(내담자의 말)."
라고 말하는 것부터 그녀가 당신에게도 하고 있을지도 모
르는 일까지. (치료 영상에서 내담자는 모두를 기쁘게 해
주려고 하는 것에 대해 이야기했다. 이에 LMP는 내담자에

게 세션에서 심리상담사의 비위를 맞추려고 하는지를 어떻게 알아낼 수 있는지를 물었고, 이에 대하여 내담자는 모른다고 하였다.)

LMP: 예, 맞습니다.

JCN: 당신은 말 그대로 세션을 통하여 다른 시각을 가져왔지요.

LMP: 예.

JCN: 당신은 그녀가 남을 기분 좋게 하는 행동을 다루면서 또한 그녀가 계속해서 그것을 풀어갈 수 있게 함으로써, 당신은 이 두 개의 영역에서 다 진전을 볼 수 있을 거예요.

LMP: 예. 제 생각에 제가 그렇게 한 것 중 일부는 우리가 만날 시간이 그렇게 많지 않아서 제가 모든 것을 다 해야 한다는 느낌 때문이었던 것 같아요. (내담자는 대학 4학년이었고, 학기 말이 가까워지고 있었다.) 그녀는 지난번에 위기 상태로 들어왔고, 이것이 제가 그녀를 보았던 두 번째 세션이었어요. 그래서 제가 그녀의 요구를 채워 주고 있는지 확인하고 싶었기에 체크리스트를 실행하였는데, 제가 제대로 못하고 있는 것 같아 걱정이 됩니다.

JCN: 그래요. 그리고 당신이 심리상담을 조정하기 위해 가능한 한 많은 정보를 얻는 것과 그녀의 말을 잘 듣는 것 사이에 균형을 잡게 되면서 시간이 지나면 당신은 더 유연하게 될 거예요. 그러나 처음 몇 번은 우리의 관심이 대부분 정보 수집에 집중되어 있는 것으로 보입니다.

LMP: 예.

JCN: 당신은 모든 것이 어떻게 되어 가고 있는지에 대해 훌륭한 연결고리를 만들었습니다.

LMP: 예.

JCN: 사실 나는 몇 가지 예를 적어 보았어요. (노트를 꺼내 보인다.) 당신은 그녀가 선호하는 것들을 알아냈지요. 즉, 그녀는 매주 만나기를 원하고, 그리고 그녀가 위기 상태에 있고, 아마도 5주밖에 안 남았기 때문에(내담자가 졸업할 때까지) 모든 것이 약간 긴급하다고 생각했나요?

LMP: 아니요, 전혀 아니에요.

JCN: 아, 전혀 아니군요. 그리고 당신은 또한 그녀가 불안의 연장으로 유유부단하다는 것을 확인했습니다.

LMP: 예, 사람들을 기쁘게 해 주는 사람이 되려고 애쓰고 있어요.

JCN: 그래요, 그리고 아마도 극단적으로, 의존적인 성격일 거예요. 자, 그럼에도 당신은 많은 것을 알아냈어요. 그리고 그녀는 당신에게 꽤 잘 반응하는 것 같았어요.

LMP: 네, 그러길 바라요.

(우리는 잠시 심리상담의 개입 조정을 위한 한 가지 방법으로서 내담자가 가지고 있는 증상에 대한 진단에 대해 토의했다. 여기서 대화의 그 부분은 제외되어 있다.)

JCN: 당신은 세션 중에 내담자에게 그녀가 선호하는 것들을 물어보는 것이 더 편했나요?

LMP: 아, 예. 저는 확실히 제가 가지고 있는 것보다는 더 편안함을 느꼈어요. 하지만 여전히 그것이 충분히 자연스럽게 잘 진행되었다고는 느껴지지 않아요. 특히 제가 이것을 보고 있을 때.

JCN: (긍정적인 의미로 끄덕인다.)

LMP: 예, 그런데 저는 그것이 약간 연결 안 된다는 생각이 드네요. 저는 서둘러 정보 수집을 하기 이전에 좀 더 잠시 멈추고 좀 더 반영한 다음에 진행할 수 있었을 거라고 생각해요. (심리상담 계획을 위해)

JCN: 당신은 충분히 공감적으로 연결을 하지 못했다고 느끼는군요…….

LMP: 예, 맞아요.

JCN: 음, 그중 세 개를 찾았어요(방금 본 세션 부분에서). …… 내담자의 몸짓과 언어적 반응으로 판단해서요. 당신이 "당신은 당신이 필요로 하는 것과 남자친구가 필요로 하는 것 또는 그가 원하는 것 사이에서 고군분투하고 있는 것 같아요."라고 말하자, 그녀는 즉시 "그래요, 바로 그거예요."라고 말했지요.

LMP: (고개를 끄덕인다.)

JCN: 그때 내담자가 나서서 우유부단하다고 말했어요. 그 후, 그녀는 매주 숙제(세션 사이에)와 매주 세션을 하기를 원한다고 말했고, 당신은 이런 요구에 동의했지요. 그것이 또 다른 형태의 공감과 선호에 대한 이해이지요.

LMP: 어, 흠.

JCN: 저는 그녀가 그것에 대해 감사함을 느낀다는 느낌을 받았어요.

LMP: 아, 예.

JCN: '체크리스트에 있는 모든 정보를 확실히 얻도록 하는 것' 이외의 다른 것을 향상하기를 원한다면, 그 외에 어떤 것들이 있을까요?

(우리는 내담자의 역동에 대해 약 1분 정도 더 논의한다.)

JCN: 그래서 우리가 목록(진단부터 시작해서, 심리상담 조정 목록)을 열거해 보면…… 당신이 방금 했다고 말했던 실수를 지금 내가 하고 있군요. (목록을 따라가는 것에 대해 미소 짓는다.) 여기 적응장애, 아마 의존성 성격장애와 약간의 불안감을 가진 내담자가 있다, 임상적으로 심각하지는 않더라도 최소한 대처 방식으로. 그리고 그녀는 우유부단하다.

LMP: (고개를 끄덕인다.)

JCN: 그녀는 실행(단계)을 원해요. 숙제를 원하고, 그리고 매주 심리상담 세션을 원하지요.

LMP: (고개를 끄덕인다.) 어, 흠.

JCN: 그것들은 뭐, 2분 안에 얻을 수 있는 많은 정보였나요?

LMP: 예. 맞아요. 그리 오래 걸리지 않았어요.

JCN: 효율적이고 효과적이었지요. "이제 내가 묻고자 하는 모든 질문은 꼭 물어봐야겠어."라고 당신이 속으로 말하고 있을 때, 나는 당신이 이에 여념이 없다는 것을 이해합니다.

LMP: 예, 그랬던 것 같네요.

JCN: 나는 내담자가 세션 중에 주의가 산만해졌다는 증거를 보지 못했어요. 사실, 당신은 세 번이나 정확하게 알아차리는 것을 보았어요.

LMP: 아, 제가 그랬군요. 좋습니다.

JCN: (고개를 끄덕이며) 앞으로 당신은 내담자가 선호하는 형태의 심리상담을 제공하는 것이 편안하다고, 그리고 이를 통하여 더 유능하다고 느낄까요?

LMP: 예. 저는 그렇게 생각해요.

JCN: 당신은 실행 단계를 위하여 '인지-행동'을 언급했어요(수

퍼바이지가 이 내담자에게 사용할 계획인 심리상담 방법
참조).

LMP: 예. 맞아요.

JCN: 그리고 그녀는 숙제에 편안해하네요. 당신은 그녀에게 몇
가지 숙제를 내줬어요.

LMP: (고개를 끄덕인다.)

JCN: 인지-행동 치료를 하고, 현시점에서는 약물치료는 없고요.

LMP: 그리고 그녀는 제가 좀 더 지시적이기를 원해요.

JCN: 예.

(이 부분 이후, 수퍼비전의 2인 관계에 대한 검토를 통하여
수퍼바이지의 내담자에 대한 역전이를 살펴보았다.)

이 부분은 내담자의 선호와 단계를 평가하고 수용하기 위한 수
퍼바이지의 새로운 노력과 어떻게 그 과정이 단지 기술적 노력에
서 보다 원활하고 관계 지향적으로 발전할 것인지에 대한 추가적
인 실행에 초점을 맞추고 있다. 수퍼바이지는 한편으로는 내담자
와 그 과정에 관계적으로 적절히 대응하는 것과 다른 한편으로 내
담자의 초진단적 특징에 관한 필요한 정보를 효율적으로 수집하는
것 사이에서 일어나는 공통적인 갈등에 대하여 어려움을 표현하였
다. 상당한 임상 경험이 있음에도 불구하고, 이는 여전히 어려운 변
증법적 균형인 것 같다.

수퍼바이저는 수퍼바이지를 지원하려고 노력하고 그녀가 세션
에서 결점이라고 인식한 것에 대한 그녀의 불안을 무마시켜 보려
고 한다. 그것은 반영과 긍정, 소크라테스식 질문, 자기성찰 요청,
지지와 안심 제공, 그녀의 수행 불안에도 불구하고 수퍼바이지의

성공을 격려하는 것 등으로 혼재되어 있다. 다시 말하면, 수퍼바이저와 수퍼바이지 사이에 무언의 이해와 축약적인 언어를 비롯하여 많은 것이 있었다

결국 이 세션은 심화 과정의 수련생이 예비 사례 개념화를 달성하고 이에 따라 상담을 조정하기 위해 필요한 초진단적 내담자 정보를 수집하는, 통합적 수퍼비전의 대표적인 부분을 보여 준다. 그 치료 계획은 이 경우 시간 매개 변수(추가하는 세션 회기 수), 내담자에 대한 진단, 언급된 선호, 변화 단계, 그리고 이후 논의에서 수퍼바이지의 역전이 가능성에 기초하였다. 체계적으로 심리상담을 그러한 초진단적 특징들—선호, 변화 단계—중 하나에만 초점을 맞추어도 현저하게 치료의 효과와 효율을 향상시키는 것으로 나타났다(연구 증거에 대해서는 2장 참조). 그리고 내담자의 목표와 시간적 제한에 대한 반응은 수십 년의 임상 경험과 덜 정형화된 연구들에 의해서도 확인할 수 있다.

4. 사례 예시: 병렬 과정

비디오로 녹화된 다음 대화에서 수퍼비전은 수퍼바이지의 내담자와의 상담 세션과 수퍼비전 세션 사이의 병렬 과정에 주목한다. 전통적으로 정의하면, 병렬 과정은 수퍼비전 관계에서 상담 상황의 재현을 구성한다(Grey & Fiscalini, 1987). 이 병렬 과정의 예에서 내담자(Melanie라는 가명)는 그녀의 심리상담사에게 자신의 취약점을 노출시키고, 수퍼바이지인 LMP는 수퍼비전에서 수퍼바이저(JCN)와 자신의 취약점을 공유하고 있다.

JCN: 우리가 지금 보려고 하는 이 녹화 테이프에서 당신은 좀 불안했나요?

LMP: 음, 음.

JCN: 내담자는 심리 검사를 하는 것을 회피했고, 당신은 검사 결과에 대한 피드백을 주는 훈련을 충분히 하지 않았어요.

LMP: 예, 맞아요. 그녀는 제가 읽어 주는 것 대부분에 동의했지만, 그것은 도리어 그녀가 회피하는 것일지도 모르겠네요…….

JCN: 네. 의존성 성격 점수도 100점이네요. (빙그레 웃는다.) 그래서 그녀는 의존적인 필요 때문에 동의하거나 혹은 인지된 거절이나 버림을 회피하는 것일 수도 있겠네요.

LMP: 음, 음.

JCN: 요청하는 것은 어려운 일임에도 불구하고, 내담자는 피드백으로 당신에게 적절한 등급보다 더 낮은 등급을 주고, 당신을 약간 바꿔 놓을 정도로 충분히 강했어요. (이전 세션에서 내담자는 심리상담사에게 상담에서 향상될 수 있다고 생각되는 영역에 대한 피드백을 제공했다. 여기에는 심리상담사가 좀 더 지시적이 되는 것, 즉 내담자가 의도적으로 피했던 문제들을 직면하도록 내담자에게 압력을 주는 것을 포함했다.)

LMP: 예, 맞아요.

JCN: 이것은 그녀와의 치료 관계에 대해 잘 말해 주네요. 그녀는 당신에게 유쾌하지 않은 것을 말할 수 있어요. 그런 경험이 있었나요?

LMP: 네. 제 두려움은 바로 앞으로 좀 나아졌다가 다시 후퇴하는 그녀의 패턴에 빨려 들어가는 거예요. 그리고 저는 충분히 자신도 없었고요.

JCN: 그 특정한 패턴에 초점을 맞출 수 있을 정도로는 확신에 차고 지시적이었나요?

LMP: 예.

JCN: 와우, 감동적이네요. Leah, 당신은 나에게 이 상담 부분을 제시하면서, 아마 당신도 Melanie와 같은 일을 하고 있을 겁니다. 당신은 최적의 상담 경험보다 그렇지 않은 부분을 기꺼이 보여 주려고 하네요. 축하해 주고 싶어요.

LMP: 고맙습니다.

JCN: 나 또한 비난에 대한 두려움 때문에 상담 세션에서 내가 했었던 것 중에서 내가 생각하기에 최고의 것이 아닌 일들이나 내가 하지 말았어야 했을 일들을 수퍼비전에서 숨기려 했던 것을 분명히 기억합니다.

LMP: 예, 저는 두려워요. 이것은 제가 분명히 방향을 잡을 필요가 있는 영역이잖아요.

JCN: 당신의 부족한 경험이 도리어 잘 진행되지 않은 세션의 일부를 공개하는 것에 대한 두려움을 능가한다고요?

LMP: 아, 예, 당연하지요. 그래서 다음에는 제가 검사에 대한 피드백을 줘야 할 때, 다시는 그런 일이 일어나지 않기를 바라요.

JCN: 이 점이 바로 당신의 우수함을 증명하네요. 그리고 나는 당신이 수퍼비전에서 점점 더 개방적이고, 공유하고 있다는 것이 기뻐요. 나는 잘 진행되지 않은 것들을 제시하지 못하는 것에 대한 평가 불안을 이해해요. Melanie와의 동맹과

마찬가지로, 우리의 동맹이 시간이 지나면서 향상됨에 따
라 우리는 그 패턴을 성공적으로 다룰 수 있을 것이라고 생
각해요. 좋습니다, 비디오테이프를 보고 싶나요?

　　LMP: 예!

　이 간단한 대화에서 많은 소재와 과정이 일어났다. 한 가지 주목
할 점은 병렬 과정에 대한 상호 인식에 관한 것인데, 이 병렬 과정
의 상담 세션에서 일어나는 내담자와의 역동이 수퍼비전 세션에서
도 재현된다. 그 내담자는, 마치 그녀의 심리상담사가 수퍼비전에
서 했던 것처럼 그녀의 취약성을 상담에서도 표출하였다. 그 패턴
이 만성적인 자기폄하로 깊어지는 것에 대해 수퍼바이저와 심리상
담사 둘 다 경계해야 한다. 또 다른 요점은 수퍼바이지가 취약성을
표현하고 잘한 것보다 못한 작업을 수퍼비전에서 공유한 것을 수
퍼바이저가 지지하고 자랑스러워했다는 점이다. 이 대화에서 수
퍼바이지는 그녀가 같은 방식으로 자신의 내담자와 했기를 바라는
그녀의 바람을 말했다. 또 다른 하나는 수퍼바이저 또한 자신의 임
상 수퍼바이저들에게 자신의 취약한 작업을 일부러 감추었던 수퍼
바이저의 자기노출이다.

　유능한 수퍼바이저들은 통합적이든 그렇지 않든, 수퍼비전에서
드러나지 않는 것과 전달되지 않는 것에 대하여 적절히 대응한다.
단일 수퍼비전 세션 내에서, 수련생 중 84%가 수퍼비전에서 정보
를 주지 않았다고 보고했다. 가장 일반적으로 숨기고 있는 비공개
사항에는 부정적인 수퍼비전 경험과 잘못되었다고 인식된 임상 사
례가 포함되었다. 더 나은 수퍼비전 동맹과 수련생들의 낮은 불안
은 수퍼비전에서 있는 그대로 공개하려는 더 큰 의지에 기여를 하

였다(Mehr, Ladany, & Caskie, 2010).

수퍼바이저들은 관계를 구축하고 수련생의 불안을 감소시키는 것 외에도, 초기 미팅에서 주제를 다루고, 자신만의 경험과 숨기고 싶은 유혹에 대하여 자기공개를 하고, 수퍼비전 동안 주기적으로 그런 성향을 높이는 것을 고려할 수 있다. 수퍼바이지들이 무엇을 숨기고 싶어 하고, 피하고 싶어 하고, 공개하고 싶어 하지 않는지에 대해 기꺼이 궁금해하는 것은 우리에게 위협적이지 않은 요청으로서 도움이 되었다.

5. 사례 예시: 종결 작업

LMP는 JCN에게 장기 내담자와의 종결 세션의 비디오를 보여 주는 것을 막 끝냈다. 상담 세션에서 그녀는 내담자에게 상담과정 내내 효과가 있었던 것들과 굳이 상담 없이도 내담자가 할 수 있었던 것들을 알려 달라고 요청했다. 그 내담자는 심리상담사가 그에게 심리상담 외 숙제를 하라고 강요하지 않은 것에 만족했다고 대답한다. 이 세션을 LMP와 토론하면서, JCN은 LMP와의 세션에 대해 만약에 그녀가 내담자의 선호를 맞춰 주지 않았다면, 그는 치료를 그만뒀을 것이라고 내담자가 그녀에게 말하고 있다는 점을 지적했다.

> JCN: 당신은 세션 내내 (내담자의) 기쁨과 감사를 볼 수 있었습니다. 나는 당신이 무엇이 효과가 있었고 무엇이 그렇지 않았는지를 물어볼 수 있는 기회를 갖게 될 다른 종결 세션이

있다는 것을 알아요. 이 내담자는 상담에서 많은 것을 얻었지요. 특히 그가 돌아가서 그의 신입생일 때의 자아를 볼 수 있을까에 대해 이야기할 때.

LMP: 예. 그리고 그것은 제가 듣는다는 것은 매우 엄청난 것입니다. 왜냐하면 그것은 초기에 힘든 것이었기 때문이에요. 늘 이런 식은 아닐 것이라고 제가 말했던 것들이 있었지요. 그러면 그는 도리어 당신을 믿고 싶다고 말하곤 했지만 저는 확신이 없었어요.

JCN: 예. (고개를 끄덕인다.)

LMP: 그가 그렇게 말하는 것을 듣고, 제가 생각했던 것들을 검증하는 것은……

JCN: 네. 그런 말을 들으면 당신은 약간 감동을 받아서 촉촉해지기도 하지요, 그렇죠?

LMP: 예. 그것은 제가 왜 이런 일을 하는지를 생각하게 해요. 큰 의미에서.

JCN: 그래요. 이런 것들은 멋진 순간들 중 하나이네요. 그리고 당신은 즉각적인 연결을 놓쳤을 수도 있었지만, 그는 본질적으로 당신이 그의 선호를 존중하지도 않았고, 그가 필요로 했던 것을 듣지 않았다면, 그는 중간에 상담을 그만두었을 것이라고 말했지요.

LMP: 예, 그것은 두 가지로 설명할 수 있겠네요. 하나는 우리(수퍼비전 이인 관계)가 아직 만나지 않아서 저는 숙제 같은 것에 대해 어떻게 그의 선호에 따라 행동해야 하는지 몰랐습니다. 다른 하나는 저의 무능함으로 인하여, 만약에 그들이 숙제(지난 세션의 목표)를 하지 않고 들어와도 저는 그들을 몰아붙이지 못한다는 것이지요.

JCN: 예, 이 매칭의 많은 부분이 대부분 직관적으로 이루어지지요. 그리고 그를 몰아붙이는 것이 도리어 그가 필요했던 것을 침해했을 수도 있고, 당신과의 치료적 관계를 손상시켰을 수도 있다는 것을 어떻게든 이해합니다.

LMP: 예.

JCN: 임상적으로나 윤리적으로 필요할 때 선호를 통합하는 영향력 있는 연구는 우리에게 정확히 그것을 말해 줍니다. 내담자의 선호를 수용할 경우, 중도탈락률은 평균적으로 1/3로 감소합니다. 그는 방금 당신에게 그것을 건네준 것이지요.

LMP: 예.

JCN: 그리고 중도탈락은 그것들이 일어나기 전에는 대부분 발견하지 못하는 것들 중 하나입니다. 아마도 당신이 숙제를 하도록 강요했다면, 그는 그만두었을지도 모릅니다.

LMP: 그렇지요. (고개를 끄덕인다.)

이 수퍼비전 발췌문은 상담 종결과 통합적 수퍼비전에서의 검토에 관한 몇 가지 중요한 점을 강조한다. 상담 세션에서 우리는 일상적으로 심리상담사들이 상담에서 내담자들과 무엇이 효과가 있었으며 무엇이 효과가 없었는지를 솔직하게 논의하도록 한다. 그리고 내담자들과 성공을 인정하고, 이를 통하여 얻은 이익을 소중히 하도록 한다. 또한 임상 작업에서 자기성찰과 향후 발전을 위한 지침을 위해 그 답변들을 모으도록 요청한다. 수퍼비전 세션에서 우리는 초기 세션 평가와 내담자 선호(그리고 단계, 반응성, 문화 등)에 대한 조정을 차후의 상담 결과에 연결하고, 임상 결과를 연구 결과와 통합하여 종결 작업 내에서 이 모든 것의 틀을 잡는다.

이 사례의 경우에도 내담자의 선호를 수용하는 것이 결정적인 것으로 드러났다. 비록 LMP는 그녀의 내담자가 필요했던 것에 직관적으로 반응하고 있는 것이 분명했지만, 선호에 대해 직접 묻는 것은 부정확한 직관을 신속하게 처리하고, 내담자들에게 직접적인 해답을 제공하고, 작업동맹을 견고히 한다. 우리는 둘 다, 최선의 의도임에도 불구하고 과거에 내담자를 잃었다는 것을 확신한다. 왜냐하면 우리는 그들의 선호, 문화, 변화의 단계 등을 체계적으로 묻시 않았고, 특권을 주지도 않았기 때문이다. 즉, 우리가 같은 선상에 있지 않았기 때문이다.

6. 통합적 수퍼비전은 일반적으로 어떻게 끝나는가

예정된 50분이 끝나기 5분이나 10분 전에, 수퍼바이저는 전형적으로 남은 시간을 알려 주고, 세션을 마무리하기 시작한다. 일반적으로 수퍼비전 중에 다루어졌거나 얻은 내용에 대한 요약과 다음 만남을 위해 잠정적으로 계획된 것에 대한 요청이 있다. 수퍼바이저가 요약 노트를 쓸 때, 수퍼바이지도 자주 그렇게 하는 것처럼 그들은 다음 수퍼비전에 대해 예상되는 것을 자주 기록한다. 대표적인 항목이 '다음 주: C의 양가감정에 갇힌 느낌에 대한 비디오테이프, 세션 노트 검토, 변화 단계 평가 연습.' 또는 그다음 주 동안은 '다음 주: 동기강화 상담(Motivational Interviewing: MI)에 대한 읽기 방법, 평가 단계에 대한 비디오테이프, F에 대한 역전이, 30번째 세션 수퍼바이지 피드백'일 것이다. 나(JCN)는 세션에 대한 구조를 만들기 위해 그리고 우리 각자의 책임을 상기시키기 위해 2개 내지 4개의 문제를 적기도 한다.

수퍼바이지로서 나(LMP)는 우리가 수퍼비전 세션의 핵심 사항을 다시 요약할 것이라는 것을 알았을 때 위안을 얻었다. 그것은 JCN이 중요하다고 생각하는 수퍼비전의 측면을 강조할 뿐만 아니라 세션에 깊이 빠져 있는 동안 우리가 놓쳤을지도 모르는 어떤 것에 대해서도 논의할 수 있게 해 준다. 우리의 수퍼비전 세션은 순간적인 느낌으로 빨리 지나가는 경향이 있다. 이 시간들 동안 나는 가끔 의논하고 싶은 문제를 꺼내지 못한다. 세션이 끝날 때 시간을 지키는 것은 주로 내가 그것을 놓치는 것을 막아 줬다. 병렬 과정의 또 다른 의도적 표현에서, 나는 이제 나의 상담에서도 유사한 과정을 사용한다. 마무리하기 전에 세션을 요약하고 다음 세션에 대한 우리의 상호 기대 사항과 세션 사이 시간(세션 밖에서의 작업)에 대해 질문한다. 이것은 또한 내담자들이 원했지만 하지 않았던 모든 것에 대해 논의할 수 있게 한다.

최근 나(JCN)는 각 수퍼비전 세션이 끝날 때마다 두 가지 목표를 실현하기 위해 노력해 왔는데, 아마도 통합적 수퍼비전보다는 특정 수퍼바이저에 대해 더 많은 것을 말하고 있을 것이다. 첫째, 나는 시간 제한에 대해 더 잘 알아차리고 매여 있다. 특히 비디오를 보는 동안, 그 경험을 즐기고 있다 보면 종종 시간을 놓친다. 그래서 나는 그 시간 틀을 더 잘 유지하는 데 전념하고 있다. 둘째, 각 세션이 끝날 때마다 나는 우리가 연습한 특정 기술을 시행하는 데 있어 수퍼바이지의 편안함과 자신감을 비공식적으로 묻는다. "그거 잘 하나요?" 또는 "다음 세션에서 그것을 하는 것이 편안한가요?"라고 짧게 물어보는 것은 수퍼바이지의 이해와 경험에 대한 확인을 제공한다. 그러나 나는 그렇게 하는 것이 통합적 작업에 대한 나의 열정을 누그러뜨린다는 것을 알게 되었고, 그것은 때때로 수퍼바이저들을 위한 수행 과제들을 못 보는 경우도 있다.

제5장

공통의 수퍼비전 문제 다루기

수퍼비전 도전 과제는 다른 형태의 수퍼비전
에서보다 통합적 수퍼비전에서 거의 일반
적이지만, 그것들은 다른 경향이 있다. 이 장에서 우리는 통합적 수
퍼비전에서 직면하는 특유의 새 방식에 주의를 더하여, 이 몇 가지
도전 과제─어려운 수퍼바이지, 수련생 결함, 힘과 평가, 다양성
문제, 법적/윤리적 문제, 갈등 관리 등─에 대하여 다루고자 한다.

1. 어려운 수퍼바이지 대하기

나이 먹어 감(혹은 학문적으로 원로함)의 장점은 부담스러운 일
을 덜 맞게 되는 것이다. 그것은 확실히 임상 수퍼비전과 나(JCN)
의 경우에도 해당한다. 비록 나는 임상 경험의 전체 범위에 걸쳐 학
생들을 계속 수퍼비전 하고 있지만, 대부분 나의 수퍼비전은 이제
나 자신의 자유의지와 내가 선택한 심화 과정 수련생들과 함께 실
시된다. 그것은 내가 수퍼비전 하는 '어렵고' 장애가 있는 수련생의
수를 줄였다는 것이다. 사실, 나는 현재 일반적으로 인턴십에 자가
의뢰하는 박사 과정 학생, 자격면허를 위해 수퍼비전 경험이 필요
한 박사후 심리학자들, 통합 심리상담에 대한 훈련을 원하는 숙련
된 정신건강 전문가들 중에서 나의 수련생들을 선발하고 있다.

확실히, 어렵고 엄격한 수퍼바이저들이 존재하듯이, 본질적으
로 어려운 수퍼바이지들도 존재한다. 부정적인 수퍼비전 경험은
실제로 문제가 있는 수련생에게 기인할 수 있지만, 그 문제가 수퍼
비전에서 엄격한 수퍼비전 스타일이나 역효과를 낳는 사건들 때문

일 가능성도 있다고 본다(Gray, Ladany, Walker, & Ancis, 2001). 그런 예는 수퍼바이저가 수련생의 생각과 감정을 묵살할 때 발생한다. 또 다른 이슈는 앞서 언급했듯이 독단적이고 권위적인 수퍼비전 스타일이다. 연구는 역효과를 낳는 수퍼비전 사건들이 보통 수퍼비전 관계의 약화와 내담자와의 작업 손상을 초래한다고 기록한다(Ramos-Sánchez et al., 2002).

우리의 경험에 따르면, 통합적 수퍼비전에서 마주치게 되는 세 가지 주요 어려운 유형의 수퍼바이지는 ① 말로는 통합적 작업에 대해 관심을 표현하지만, 행동적으로는 그들을 수퍼비전 하는 노력에 저항하는 수련생들, ② 다른 내담자들에 맞춰 '다르게 될' 수 없는 수련생들, 그리고 ③ 끊임없는 완벽주의로 고통받는 수련생들이다. 통합적 작업이 불균형한 비율의 이들 수련생을 끌어들이는 듯하다.

통합적 수퍼비전의 지혜와 실용성은 정신건강 교육자들에게 꾸준히 알려지고 있다. 경험 많은 교수진은 통합적 수련을 점점 더 높이 평가하지만, 그러한 전망에 대한 학생들의 저항을 마주하게 되면 가끔 놀라기도 한다. 대학원 수련의 초기 단계에서, 학생들은 자신의 개방성을 제한하는 이론적 편견을 가지고 오는 경우가 많다. 통합적 수퍼바이저가 통합적 작업의 수퍼비전을 칭찬하고 원하지만, 앞서 언급한 수퍼비전에 저항하는 수퍼바이지들을 만나는 것은 놀랍고 당황스러운 일이다.

우리는 이러한 경우에서 지성과 불안 사이의 깊은 갈등을 의심한다. 수퍼바이지들은 보다 광범위한 수련의 가치와 효능을 높이 평가하지만, 안심과 불안감 감소를 위해 제한된 단일 심리상담을 고수한다. 그들은 내담자들에게 반응적인, 보다 다원적인 심리상담의 필요성을 이해하지만, 그들의 이론과 엔트로피에 얽매여 있다. 그들의 갈등은 우리에게 Kafka의 한 문구를 떠올리게 한다. "나는 쇠사슬에 묶여 있다. 내 쇠사슬에 손대지 마."

수퍼비전에서 통합적 관점의 진정한 수용은 수퍼바이지의 이전 이론에 대한 충성의 강도에 따라 달라지는 경향이 있다. 통합적 수퍼비전은 단일 진영이나 '학파'로 주입되지 않은 수련생들에게는 쉽고 분명하게 받아들여지고 있다. 이와는 대조적으로, 한 시스템에 주입된 상급생들은 그들의 충성심과 무기력을 극복하는 데 상당한 어려움을 겪을 수 있다(Norcross, 1986). 탈선은 배신이나 혼란 또는 취약성으로 경험된다. 이 과정은 분리 불안과 유사하며, 조기 분리는 불안을 초래하고 수련생들은 지지와 안정을 위해 전지전능한 '어머니' 이론으로 되돌아간다. 심리상담의 늪에서 편안한 틈새를 찾았기 때문에, 이 고질적인 학생들은 그들의 소중한 숙달에 만족하고, 대부분의 경우 심리상담 레퍼토리를 확장하려는 의욕이 부족하다. Robertson(1979)은 이전에 한 심리상담 지향에서 확립된 능력을 가진 많은 수련생이 그 반대를 보여 주는 주장에도 불구하고 그 지향에서 더 능숙해지기를 원한다고 강력하게 말했다.

이러한 상황에서 우리는 일반적으로 수퍼바이지의 불안감이 사라질 때까지 통합적 가능성 도입을 미루고, 다른 이론적 전통의 방법을 가끔씩 추가하여(동화적 통합), 수련생들이 선호하는 이론적 전통 내에서 수퍼비전을 실행하며, 그리고/또는 수련생을 다른 수퍼바이저에게 보낸다. 내(JCN)가 진행한 통합 워크숍의 한 참가자가 한번은 수퍼바이저의 선택 사항은 '기다리기, 미끼를 주기, 또는 거래하기'일 것이라고 농담 삼아 말했다.

관련이 있지만, 개념적으로 다른 '어려운' 유형의 수련생들은 다른 내담자들과 통합적으로 일할 의향이 있지만 결코 '다룰 수 없는' 사람들과 작업하게 된다. 예를 들어, 일부 심리상담사(JCN과 같은)는 자연적으로 그들의 대인관계 스타일에 더 생동감 있고 환기적이다. 이러한 개인들은 이 자연스러운 스타일을, 그들이 더 적극적인 역할을 취하는 치료를 하는 데 사용할 수 있다. 이와는 대조적으로, 개인 스타일이 자연적으로 더 조용하고 덜 활동적인(LMP와 같은) 사람들은 더 고요하고 덜 활동적인 심리상담 접근 방식으로 가장 잘 작업할 수 있다. 각 수퍼바이지 집단(그리고 그 사이에 있는 모든 수퍼바이지)은 예상한 바와 같이 자신의 개인적인 스타일과 표현 양식이 어떤 심리상담 방법이나 관계 입장에 다른 것들보다 더 잘 맞는지 안다.

여기에 문제가 있다. 통합은 수퍼바이지들이 유연하고, 다중 이론적인 레퍼토리와 그들에게 가장 잘 맞는 개별 임상 스타일을 동시에 획득하기를 원한다. 대부분의 학생은 두 가지 모두를 조화롭게 수용할 수 있지만, 일부는 그럴 수 없다. 성격이나 스타일의 변화를 강요하려는 수퍼바이저들은 결코 맞지 않아 보이는 대본에 맞춰 연기하고 있다고 느끼는 수련생들을 만들어 낸다. 다른 관계적 또는 기술적 입장을 코치하고, 설득하고, 모델링하려는 시도는 수퍼바이지의 좌절, 저항 또는 기저 행동으로 되돌아가는 일시적 행동 변화를 겪기도 한다.

이 학생들은 자신에게는 맞지만 많은 내담자에게 맞지 않는 좁은 범위를 제시한다. 근본 문제는 만연한 불안, 관계적 경직성 또는 심리상담의 경직된 개념화를 수반할지도 모른다. 후자는, 수퍼바이지들이 단일 학파의 심리상담과 같은 그들 자신의 우선적인 태도에 자동적으로 편향된 방식으로, 증거를 평가하고, 예들을 만들어 내고, 가설을 검증하는 자기확증 편향성과 밀접한 관련이 있는 것 같다(Stanovich, West, & Toplak, 2013). 중요한 것은 지능이 아니라 경직성이다.

이러한 상황에서 수퍼바이저의 솔직한 피드백은 일반적으로 수퍼바이지에게 즉각적인 동의와 안도감을 준다. 모든 심리상담사가 그러한 폭넓음과 유연성을 획득하거나 유지할 수 있는 것은 아니다. 우리는 통합적 수퍼비전의 덜 야심적인 모델로 후퇴한다(2장 참조). 즉, 우리는 단일 체계 역량 및 체계적 의뢰로 돌아간다.

'어려운' 수퍼바이지의 세 번째 유형은 심리상담 통합의 포괄성과 이상주의에 이끌리는 완벽주의자를 포함한다. 비록 완벽주의가 모든 이론 유형의 수련생들에게서 발견되기는 하지만(Arkowitz, 2001), 우리는 통합이 더 큰 몫을 끌어당긴다고 확신한다(그러나 우리는 그 주장에 대한 경험적인 증거가 없다는 것을 인정한다). 심리상담의 주요 체계들을 한데 모으고 싶은 강박적 욕망, 각 내담자를 최적의 치료에 맞추려는 야심찬(아무리 애를 써도 결코 찾을 수 없는) 성배 탐구, 그리고 기술에 대한 열성적인 헌신은 모두 완벽주의의 긍정적인 면을 나타낸다. 그러나 부정적인 면들도 초기에 그리고 자주 수퍼비전에서 나타나는데, 내담자들과 자신의 진전에 대한 조급함, 치료상의 실패와 그들의 취약점이 권위 있는 인물들에게 노출되는 것에 대한 지나친 두려움, 그리고 충분히 잘 수행하지 못하는 것에 대한 만성적인 불안 등이다. 완벽주의자 수퍼바이지들은 확실히 긍정적인 면과 부정적인 면의 혼합된 특징들을 가지고 있다.

이러한 상황에서 우리는 완벽주의 특성의 긍정적인 특징을 관대하게 인정하고, 수퍼비전을 방해하는 행동들을 부드럽게 식별하며, 상담과 수퍼비전 세션 모두에서의 향상을 위해 그것들을 공통

으로 목표로 삼는다. 완벽주의가 심하게 나타난다면, 우리는 통합
된 개인치료 과정을 강력하게 추천한다.

2. 수련생 결함

통합적 수퍼바이저들—적어도 이러한 통합적 수퍼바이저들—
은 우리 모두 배울 것이 더 많고 기술 결함이 보편적이라고 가정한
다. 그것은 단지 기술 결함의 정도와 그 결함이 내담자의 건강과 상
담을 심각하게 손상시키는지의 문제일 뿐이다. 이 점에서 모든 수
퍼바이지는 기술 결함을 안고 있으며, 경험이 부족한 수퍼바이지
는 더 많은 기술 결함을 초래한다. 연구는 경험이 적은 수퍼바이지
는 그들의 결함을 극복하기 위해 도움을 구할 가능성이 더 높으며,
따라서 경험이 많은 수퍼바이지보다 덜 저항적이라는 것을 보여
준다(Bernard & Goodyear, 2014).

수련생들의 기술 결함은 대인관계, 기술, 개념의 세 가지 주요 범
주로 나눌 수 있다(Ladany, Friedlander, & Nelson, 2005). 기술적 및
개념적 결함은 보통 대인관계 결함보다 극복하기 쉽다. 왜냐하면
그것들은 과정, 수업, 관찰 그리고 교수법을 통해 숙달될 수 있기
때문이다. 이러한 기술들은 대부분 평가, 개입, 사례 개념화, 시험,
의뢰 등 심리상담의 골자로 간주될 것이다.

대인관계 기술이 부족한 학생들은 모든 수퍼바이저에게 도전이
지만, 아마도 통합적 수퍼바이저들에게는 더욱 그러할 것이다. 당
신은 우리가 대인관계 행동과 기술적 방법을 각 내담자에게 맞추
도록 상급 대학원생들을 수퍼비전 하고 있다는 것을 떠올릴 것이

다. 만약 그 학생들이 아직 기본적인 대인관계 기술을 가지고 있지 않다면, 우리는 그들에게 그들의 지시성 수준, 공감 양식, 전반적인 스타일을 조정하라고 요구할 수 없고 또 그렇게 하지도 않는다. 당신이 아직 가지고 있지 않은 것을 맞출 수는 없기 때문이다.

이러한 상황에서 우리는 즉시 기본적인 도움 기술을 가르치고 모델링하는 것으로 눈을 돌리며, 가장 부족한 학생들에게는 통합적인 작업을 완전히 중단한다. 교정 계획은 세부 사항에 따라 다른 방향을 취하지만, 일반적으로 수퍼바이지들이 단순히 학기말로 끝나는 것이 아니라 대인관계 기술 훈련과 역량강화 실습을 완수하도록 요구한다. 나(JCN)는 대개 결함이 있는 수련생들에게 계획한 대로 통합적 수퍼비전에서 함께 작업하지 않는 것에 대한 나의 유감을 표현하고, 그들을 좀 더 발전된 훈련으로 보내기 전에 제대로 가르치거나 평가하지 않았던 훈련 시스템의 차이점에 대해 사과한다. 그들의 결함은 대학원 입학 시 대인관계와 관련한 감각의 미약한 선별과 역량 기반 훈련 부족의 의원성(醫原性) 결과물이기 때문이다.

불행하게도, 일부 수련생은 연장된 훈련이나 상담으로부터 혜택을 받지 못할 것이다. 또한 무한한 훈련 후에도 그들이 그 직업에 적합하지 않을 수도 있다. 대부분의 훈련 프로그램은 전문적인 역량의 문제를 가진 학생들을 등록시킨다(Jacobs et al., 2011). 좋든 싫든 간에, 수퍼바이저들은 그 직업의 문지기 역할을 한다. 수퍼바이저는 수퍼바이지들이 극복할 수 없을 것이다고 생각하는 결함들을 대학원 프로그램이나 면허 이사회와 함께 소통할―그들이 책임지고 있는 내담자들에 대한, 그들의 수퍼바이지에 대한, 그리고 직업에 대한―윤리적 책임을 진다.

물론 모든 대인관계 기술 부족이 그렇게 심각하거나 부끄러운 것은 아니다. '우리 모두는 부족한 점이 있고 또한 배우고 있다.'라는 정신으로, 대개 우리는 각각의 기술에 대한 평가와 훈련 형태를 가지고 모델링하고, 발견하고, 가르치고, 연습한다. 우리는 그들의 내담자들과 함께 그들을 위해 수퍼비전에서 적절한 대인관계 환경을 모델링한다. 우리는 정확한 대인관계 기술 결함을 확인하고, (적절한 경우) 그 결함과 그로 인해 수퍼바이지가 느낄지 모르는 감정(당황, 부끄러움, 죄책감)을 정상화한다. 우리는, 분명 성공이 아닌 실수로부터 배운다. 우리는 특정 기술을 가르치고, 수퍼비전에서 연습하며, 표준화된 평가 양식을 사용하여 최소한의 숙련도를 평가하고 달성한다. 사실상 모든 대인관계 기술은 적당 수준의 능력까지 배울 수 있다(Norcross, 2011).

3. 힘과 평가

수퍼비전 관계에서의 힘은 훈련과 성장 전반에 걸쳐 수퍼바이지를 평가하고, 등급을 매기고, 안내하고, 강화시키는 책임을 필연적으로 부여한다. 그 자리는 일상적인 활동이나 다른 가르치는 수업처럼 가볍게 여겨질 수 없다. 내담자의 생명과 수퍼바이지 경력이 걸려 있기 때문이다.

그런 힘의 남용은 훈련의 어느 단계에서나 해롭고 비윤리적이지만, 일반적으로 학생이 자신의 임상 능력에 대한 신뢰가 부족하고 상담자의 역할을 아직 완전히 내재화하지 못한 초기에는 더욱 그러하다. 나(LMP)는 나의 통합적 수퍼바이저(JCN)가 보통 상담 세션의 비디오를 보고 난 후 어리둥절해하는 표정을 지으며 왜 더 따

뜻하고 표현력 있게 하지 않았는지 묻던 것을 자주 떠올린다. 그는
"Leah, 왜 당신은 수퍼비전에서처럼 세션에서는 그렇게 하지 않나
요?"라고 질문했다. 난 내가 그럴 수 있는지 몰랐다! 나는 감정을
억제하기 위해 훈련 초기에 강력한 수퍼바이저로부터 훈련을 받았
다. 그 명령은 백지 상태의 마음같이 내담자로부터 분리되어야 한
다는 것이었다. 내담자들과 관련된 하나의 방법에 대한 이러한 초
기 견해는 심리상담가로서 나의 관계 능력을 저해했고, 나는 지금
까지도 더 따뜻하고 호감이 가는 나의 모습이 세션에서 드러나도
록 애를 쓰고 있다.

상호 존중과 공유된 책임을 근거로 한 수퍼비전은 권력 싸움을
줄이고 평가 불안을 완화시킨다. 개인적 지지, 기대에 대한 분명한
의사소통, 그리고 (윤리 위반을 제외한) 실수는 피할 수 없다는 강한
신념도 역시 그러하다. 평가 과정(2장 참조)은 대체로 개방적이고
투명하며, 공식적인 총괄 평가가 완료되기 전에 진행 중인 형성적
피드백에서 수퍼바이지의 어려움들이 파악되고 다루어진다. 공동
의 느낌은 수퍼바이지 사이에서 그리고 다른 전문가들과의 상호작
용에서 자신감을 형성하는 데 도움이 된다.

그렇다고 해서 수퍼바이저가 통제력을 잃었다는 것은 아니다.
통합적 수퍼바이저는 책임과 통제를 유지하지만 전체 의제 또는
상호작용을 통제할 필요성은 포기한다. 때로 수퍼바이저는 배 앞
쪽에서 적극적으로 조종하고 추진해야 하지만, 상급생들과 함께
할 때 수퍼바이저는 보통 1등 항해사로서 배 뒤쪽에서 더 잘 이끈
다. 그것은 종종 수퍼비전을 위해 매주 한 시간을 비워 두는 것을
두려워하는 것과 자신의 임상적 효과와 전문성 발달을 향상시키기
를 기대하는 것 사이의 차이이다.

4. 다문화 다양성

통합적 수퍼바이저들은 다문화주의를 열정적으로 수용한다. 그것은 개인차에서 더 넓은 문화적 차이의 통합적인 획득의 자연스럽고 필요한 확장이다. 다름이여 영원하라!(Vive la difference!) 통합은 아프리카인, 아시아인, 라틴계 또는 앵글로색슨계; 이성애자, 동성애자, 양성애자 또는 트랜스젠더; 무슬림, 기독교, 유태인, 무신론자 등 모든 개인에 대한 맥락은 고유하다는 것을 사실로 가정한다. 따라서 각각의 수퍼비전은 특징 수련생의 필요에 맞게 구성되어야 할 필요가 있다. 문화는 그것을 하기 위한 하나의 필수적인 방법이다.

병행 형태에서 수퍼바이지들은 그들의 내담자들에게 문화적으로 심리상담을 맞춤화하는 교육을 받는다. 앞에서 검토한 바와 같이, 연구 결과는 문화적 조정이 상담 결과를 명백히 향상시킨다는 것을 증명한다. 특히 효과적인 것은 특정 문화 그룹에 치료를 맞추는 것(다양한 문화적 배경 대신에), 내담자의 모국어로 상담을 실시하는 것(Smith, Rodriguez, & Bernal, 2011), 가능하다면 세션에서 통역사를 피하는 것(Paniagua, 2005)이다.

특히 지배적인 '아버지'에게서 태어나고 문화적으로 바탕을 둔 성격 이론에 뿌리를 가지고 있는, 즉 단일 학파의 심리상담사들은 백인의, 남성 중심적인, 서유럽의, 이성애자 규범을 교묘하게 유지하는 경향이 있다. 우리는 마땅히 현재 많은 단일 학파의 '보편적' 원칙들을 임상적 근시 또는 문화적 제국주의의 경우로 보고 있다. 이와는 대조적으로, 통합적 수퍼비전은 특정한 창시자나 성격 이론에 의존하지 않는다. 우리의 유일한 '보편적' 원칙은 사람과 문화는 다르며 그렇게 다루어져야 한다는 것이다. 사실상 모든 페미니스트, 다문화, 문화적으로 대응하는 이론들이 실제에서 통합적이라고 묘사하는 것은 놀랄 일이 아니다.

그럼에도 불구하고 대부분의 학생은 문화적 조정에 준비가 되지 않은 채 통합적 수퍼비전을 위해 수퍼비전이나 심리상담에 임하게 된다. 하지만 이것은 놀랄 만한 일은 아니다. 수퍼바이지들은 다문화 다양성에 대하여 대부분은 책이나 그 주제를 가르치는 교수를 통해서 배우게 된다. 그럼에도 대다수의 수련생은 다문화 주제들이 그들의 강좌들에 의미 있게 통합되어 있다고 생각하지 않는다 (Constantine, Ladany, Inman, & Ponterotto, 1996). 그리고 압도적으로 많은 박사과정생은 졸업 후 다문화 문제들에 있어서 자신이 유능하지 않다고 인식한다(Allison, Crawford, Echemendia, Robinson, & Knepp, 1994).

따라서 수퍼바이저들은 수퍼바이지들이 다문화주의에서 이론과 실제 사이의 차이를 연결하도록 돕는 중요한 책임이 있다(Chopra, 2013). 통합적 수퍼바이저들은 수퍼비전 세션 내에서 문화적 민감성을 모델링하고 드러나게 함으로써, 그리고 수퍼바이지들이 내담자들에게 문화적으로 심리상담 서비스를 조정하도록 가르치고 추적함으로써 그렇게 할 수 있다. 다문화적으로 적절한 개입을 모델링할 뿐만 아니라 그들 자신의 한계를 스스로 인정하는 수퍼바이저의 능력은 수련생들이 다문화적 역량을 개발하는 데 여러 가지로 도움이 된다(Inman & Ladany, 2014). 모든 수퍼바이저는 학생들이 역사적으로 하대접받는 그룹 출신의 내담자들을 심리상담하도록 훈련시키는 다양한 경험을 옹호하기도 하고, 스스로 훈련하면

서 다양성을 경험하게 하기도 한다. 또한 수퍼바이지들과 다양성
역량에 대한 관심과 한계를 공유하기도 하고, 평가 기준의 일부로
문화적 역량을 포함시킴으로써 기여할 수 있다.

수퍼바이지 평가에서, 우리는 전문적인 심리학에서 역량 기준에
서 채택된 문화와 정체성 기준을 평가한다(Fouad et al., 2009). 우리
는 다양한 개인, 그룹 및 커뮤니티와 작업하는 수퍼바이지의 인식,
민감성 및 기술을 측정한다. 우리는 다양성에 의해 형성된 자신, 다
양성에 의해 형성된 타인들, 다양성에 의해 형성된 자신과 타인들
의 상호작용, 그리고 개인과 문화 맥락에 기반한 적용에 대한 지식
을 독립적으로 모니터하고 적용하는 수퍼바이지의 능력을 추적한
다. 우리는 또한 임상 작업과 관련하여 수퍼바이지들 자신의 문화
적 정체성을 이해하고 모니터하는 능력과, 항상 발생하는 다양성
문제에 대해 불확실할 때 그들이 스스로 비판적으로 피드백을 평
가하고 상담을 시작하는지를 또한 평가한다.

5. 법적 · 윤리적 문제

통합적 수퍼바이저들은 그들의 동료들과 마찬가지로 똑같은 법
적 · 윤리적 책임을 진다. 수련생이 자신의 자격증으로 '수련을 받
는 것'을 수퍼비전 하는 심리상담 전문가라면 누구나 제대로 이루
어지지 않는 성과들에 대한 중압감을 가지고 있을 것이다. 실제
로, 수퍼비전을 제대로 하지 못하는 것은 심리상담사들에 대한 규
제 위원회의 징계 조치 중 10대 원인의 하나로 드러난다(Pope &
Vasquez, 2016). 즉, 아무리 심리상담의 전문가라고 해도 그것을 주

의하여야 한다(Sacuzo, 2003).

통합적 수퍼비전에서 뚜렷이 구별되는 점은 반복적이고 경험
적으로 논증에 의하여 다른 접근 방식이 더 적합하다고 입증된
내담자들을, 단일 체계 수퍼바이지들이 포기하기를 내키지 않아
하거나 심지어 거부하는 바람직하지 못한 윤리적 딜레마들이다
(Norcross, Beutler, & Clarkin, 1990). 그 딜레마는 많은 윤리적 민감
성과 연구 복잡성을 강조한다. 모든 정신건강 전문직의 윤리 강령
은 실무자들이 최상의 연구, 임상 전문 지식, 그리고 내담자의 가
치, 문화, 선호에 따라 확인되는, 가장 효과적이고 효율적인 심리상
담 방법을 이용하도록 지시한다. 그러나 무엇이 더 효과적인 심리
상담 방법을 구성하는지를 정의하는 것은, 여러 가지 증거가 되는
질문들(연구 결과에 따라? 심리상담사? 내담자?), 다른 연구 설계(무선
배치 통제 실험? 일반화 가능하지만 덜 통제된 결과 연구?), 그리고 심지
어 같은 연구 결과(무엇이 '논증에 의하여' 더 나은 것을 구성하는지) 등
에 대한 해석상의 혼란에 빠지게 된다. 그러나 이 질문들에 대한 전
문적인 합의는 존재하지 않기에, 보편적 판단들도 제시되기가 어
렵다.

연구에 기반한 통합적 입장에서, 우리는 여기서 결론을 내리고
자 한다. 첫째, 합의에 의하여 그리고 경험적으로 신뢰할 수 없는
실제는 일상적으로 제공되어서는 안 된다. 둘째, 특정 내담자를 위
해 상담 결과를 강력하게 향상시키는 심리상담 방법들과 관계 입
장들은 통합적 수퍼바이저들에 의해 일상적으로 제공되어야 하고
더구나 요구되어야 한다

전자와 관련하여, 청소년과 성인에 대한 수십 가지 심리상담 방
법과 심리 검사들의 불신에 대해 확고한 전문가의 합의가 이루어

졌다(예: Koocher, McMann, Stout, & Norcross, 2015; Lilienfeld, 2007; Norcross, Koocher, & Garofalo, 2006). 특정 심리상담을 고집하는 내담자와 같은 이례적인 상황이 없다면, 통합적 수퍼바이저들로서 우리는 수련생들에게 신빙성 없는 심리상담 방법을 제공하지 않도록 교육한다. 가끔 수퍼비전 받는 수퍼바이지는 그러한 치료법[예: 오르곤 상자, 프라이멀 스크림 요법, 자기(磁氣) 치료, 수정 치유 요법]이 자신의 능력 안에 있으며 이전에 효과가 있었다고 주장할 것이다(일반적으로 수퍼바이지 자신에게). 우리는 이 수퍼비전의 갈등들을 개괄한 대로 다음 절에서 다루고, 또한 그것을 윤리적이고 법적인 문제로서 다룬다. 대안 심리상담이 존재할 경우, 실무자들은 전문가의 합의와 연구 증거에 의해서 신빙성이 없거나 잠재적으로 해롭다고 생각되는 심리상담은 윤리적으로나 법적으로나 제공해서는 안 된다. ('무엇보다 최우선적으로, 해를 끼치지 말라'는 라틴어: Primum non nocere.)

후자에 관해서, 심리상담 연구는 이제 특정 관계적 행동과 심리상담−내담자 매치가 대안보다 논증에 의해 더 효과가 있는 것으로 드러날 정도로 진행되었다. 여기서 우리는 진단 B에 대한 심리상담 방법 A를 말하고자 하는 것이 아니라 관계 행동들(예: 동맹, 공감, 목표 합의, 피드백 수집)과 초진단적 내담자 특징들에 대한 적합성(예: 반응성 수준, 변화 단계, 내담자 선호, 문화)을 말하고자 한다. 수퍼비전의 도전과 논쟁은 논증에 의한 더 나은 결과의 경계에 관한 것이다. 연구 결과가 일관성이 없거나 설득력이 없을 때, 우리는 상급 수퍼바이지들이 그들의 개인적인 스타일과 특정 스타일을 따르도록 권장한다. 그러나 누적된 연구가 일관되고 설득력이 있을 때, 우리는 행동 방침을 고집한다. 그것은 윤리적이고 법적인 명령으로, 수련생(또는 수퍼바이저)의 편안함과 선호보다 내담자의 심리상담에 우선순위를 두어야 한다는 것이다.

6. 갈등 다루기

우리는 통합적 수퍼비전에서 여러 가설을 세우고, 다양한 관점의 차이를 기대하며, 자유로운 아이디어 교환을 촉진한다. 차이가 갈등으로 바뀔 필요는 없다. 이러한 변화는 의미상 '갈등'을 '차이'로 재명명하는 것 이상이다. 차이를 포용하고 가치 있게 여기는 것이 통합의 핵심이다. 대부분의 차이가 다원론적 틀 안에 내재되어 있고 개별 내담자와 수퍼바이지 차이에 맞춰 조정될 때 정반대의 것이 아닌 상호 보완적인 것으로 드러난다.

어떻게 행동할지에 대하여 최종 결정을 내릴 때 수퍼비전에서 어느 정도의 갈등을 경험하지만, 그것은 우리 동료들 대부분이 경험하는 것보다 훨씬 적다고 본다. 우리의 요점은, 연구(예: Robiner, Fuhrman, & Ristvedt, 1993)에서 밝히듯이 평가가 수퍼비전에서 갈등이 일어날 수 있는 가장 흔한 영역이라는 점이다(Friedlander, 2015). 앞에서 기술한 것처럼 투명하고 명시적인 과정이 놀라움이나 갈등을 감소시킨다는 것이다.

나(JCN)는 수년간 통합적 수퍼비전에 있어서 갈등이 잘 야기되지 않은 것에 대하여 도리어 문제의식을 가지고 정기적으로 수퍼바이지들에게 그들의 의견을 질문해 왔다. 상대적으로 갈등이 적은 것은 내가 수퍼바이지를 신중하게 선택하고, 수퍼비전에 대한 서면 계약을 공들여 함께 작성하고, 자주 형성적 피드백을 제공하고, 수련생에게 공식적인 피드백을 요청하며, 진솔한 토론을 권장하는 것들과 상관이 있는 것 같다. 그러나 만약 어떤 수퍼바이지가 내 서면 평가를 받아들이지 못하고 당황하게 된다면, 내가 이 과업들 중 어느 하나를 제대로 완수하는 못한 것으로 볼 수 있다.

수퍼바이지들은 정기적인 피드백과 서면 계약도 언급하지만, 그 것을 좀 더 관계적인 것으로 경험하는 것처럼 보인다. 그들의 최근 관찰은 "반박할 것이 전혀 없어요." "당신은 첫날부터 지지적이었고 유연했습니다." "당신은 제가 유능하지만, 우리 모두 약간의 흠이 있다고 가정했습니다." "우리는 앞서 그것을 계속 논의해서 결론을 냈습니다." "당신은 저에게 심리상담 선택 내에서 저만의 스타일을 개발하도록 격려했습니다. 그런데 어디서 갈등이 생기겠습니까?" 등이다.

수퍼비전에서 갈등이 일어날 때, 우리는 즉시 그리고 공개적으로 그것들을 다루려고 노력한다. 갈등을 간과하거나 잘못 관리하는 것이 수퍼비전 과정에 위험하다는 것이 드러났다(M. L. Nelson, Barnes, Evans, & Triggiano, 2008). 수퍼바이지와 수퍼바이저 사이의 대부분의 갈등은 수퍼비전 세션에서 해결될 수 있고 또 해결되어야 한다(Bernard & Goodyear, 2014). 갈등을 해결하는 데 시간이 오래 걸릴수록, 그것은 관계에 더 해로운 것으로 드러났다(Safran & Muran, 2000).

우리는 수퍼바이지들에게 심리상담에서 내담자들과의 갈등이나 상담의 결렬에 방어적이지 않는 방식으로 접근하도록 가르치는 것과 더불어 수퍼비전에서도 갈등을 다루려고 노력한다. 즉, 침착하고 호기심 있게 유지하고, 방어적이지 않도록 반응하며, 아마도 내담자의 솔직함에 대한 감사를 표하고, 관계를 직접적으로 다루고, 지시된 대로 행동을 조정하며, 해당 세션과 향후 세션의 과정에 대한 피드백을 수집하도록 한다(Safran, Muran, & Eubanks-Carter, 2011). 이러한 갈등 해결에 있어 수련생들을 훈련하는 것은 그들의 내담자들의 심리상담 결과를 향상시킨다(d=0.52, 훈련 없는 경우 대비; Safran et al., 2011).

이런 식으로, 수퍼바이저는 갈등을 수퍼바이지의 학습 경험으로 바꾸고, 갈등 해결 능력을 모델링한다. 관계 갈등에서 회복하는 수퍼비전 능력은 수퍼비전 동맹과 수퍼비전 경험을 전체적으로 강화시키는 경향이 있다. 이것은 상처 봉합 과정으로 보인다(Bordin, 1983). 수퍼비전에서 성공적인 갈등 해결은 수퍼바이지에게 건강하고 효과적인 방식으로 자신의 내담자들과의 갈등을 해결하는 플랫폼을 제공한다(Friedlander, 2015; M. I. Nelson, 2008). 마찬가지로, 만약 갈등이 해결되지 않는다면, 그들의 수퍼바이저들과의 원래 갈등을 해결하려는 시도로 수퍼바이지들은 그 갈등을 내담자와의 상담에서 나타낼지도 모른다(Arkowitz, 2001).

수련생이 수퍼비전에서 우려와 갈등을 말할수 있을 정도로 편안하다고 느끼는 만큼 수퍼비전 동맹의 강점을 더 잘 보여 주는 것은 없을 것이다. 그것은 수퍼바이저가 평가, 성적 또는 부정적인 피드백의 형태로 그들 에게 보복하지 않을 것이라는 신뢰를 나타낸다. 또한 연구 결과에서는 수퍼바이지가 수퍼바이저보다 갈등을 일으킬 가능성이 훨씬 낮은 것으로 나타났다(Ladany, Hill, Corbett, & Nutt, 1996).

수퍼바이지들의 발달 단계, 인지 복잡성 그리고 반응성 스타일은 갈등 해결 과정에 영향을 미친다. 경험이 적은 수퍼바이지는 일반적으로 더 많은 교육과 지원을 필요로 하는 반면, 경험이 많은 수퍼바이지들은 그들의 수퍼바이저들과의 전이 그리고 그들의 내담자들과의 역전이에 대한 작업을 필요로 할 수 있다. 낮은 반응성의 수퍼바이지들을 위한 직접적인 개입들은 수퍼비전 방법을 명료화하는 것과 나타난 잘못된 의사소통을 다루는 것이다. 높은 반응성의 수퍼바이지들을 위한 간접적인 개입들은 즉각적으로 근본적인 갈등을 인식하는 것과는 반대로 초기에는 그들의 특정 목표를 다룬다. '사람마다 제각각이다'는 통합적 수퍼비전에서 갈등을 다루는 데 있어서도 효과가 있다.

제**6**장

수퍼바이저 발달과 자기돌봄

이 책은 지금까지 수퍼바이지들의 발달과 내담자의 돌봄에 대하여 다루었다. 이 장에서 우리는 그 초점을 바꾸어 통합적 수퍼바이저라는 사람과 직업에 주의를 기울이고자 한다. 우리는 일반적인 순서로 감독자의 이상적인 훈련, 전문적 발전, 자기돌봄 및 개인 심리상담 그리고 지속적인 학습을 다룬다. 이 모든 주제에서 우리는 통합적 수퍼바이저들의 구별되는 특징이나 왜곡에 대해서도 다루고자 한다.

1. 수퍼바이저 훈련

통합적 임상 수퍼바이저를 어떻게 이상적으로 성장시킬 것인가? 만약 우리가 그 유명한 마술 지팡이를 가지고 있다면, 수퍼바이저들은 일련의 상호 관련 있는 훈련 경험에 의해 세심하게 발달되고 양성될 것이다.

- 학문적 요건과 대인관계적 질 모두를 바탕으로 한 경쟁력 있는 대학원 프로그램에 입학
- 여러 이론적 전통의 유능하고 충분히 적합한 수퍼바이저들과의 수년간의 수퍼비전 경험
- 두 번 이상의 초기 수퍼비전 경험에서의 강한 수퍼비전 동맹. 그 동맹은 수퍼바이지들이 수퍼바이저의 역할로 진보함에 따라 방법과 관계를 모델링함
- 요구되는 인턴십을 훨씬 넘어선, 다양한 내담자와 다양한 임

상 환경에서 작업할 수 있는, 충분한 범위의 임상 경험 자체
- 다른 학생들(상하의 수직 관계에서의 수퍼비전 팀)을 수퍼비전 하는 경험이 포함된, 임상 수퍼비전에 집중하는 전문화된 대학원 과정
- 초기 수퍼비전 활동에 대한 동시 또는 후속 수퍼비전
- 그들 자신의 개인상담에서 적어도 하나의 성공적인 에피소드
- 수퍼비전 성과를 향상시키는 것으로 드러난 핵심 수퍼비전 과업들을 훈련하기(다음 장에서 검토). 그 과업들은 균열 회복하기(Safran, Muran, & Eubanks-Carter, 2011), 역전이 관리하기(Ladany, Constantine, Miller, Erickson, & Muse-Burke, 2000), 수퍼비전 동맹 촉진하기, 내담자의 향상 모니터링하기 등을 포함
- 임상 수퍼비전과 그들이 수퍼비전하는 모든 임상 서비스에 대한 연구를 수행하는 능력
- 임상 수퍼비전에서 지속적인 평생 학습에 대한 헌신(뒤에서 설명)

2. 전문성 개발

통합적 수퍼바이저들의 전문성 발달은 다른 일반적인 수퍼바이저의 궤적을 따르는 것처럼 보인다. 즉, 수퍼비전 문헌을 읽고, 회의에 참석하며, 수퍼비전 연구에 참여하며, 때때로 동료 수퍼바이저들에게 자문을 구한다(그리고 상의 내용을 문서화한다). 미국의 펜실베이니아주 관할 구역에서는 수퍼비전을 하는 면허가 있는 심리학자들은 2년에 한 번씩 수퍼비전에 대한 3시간짜리 계속적인 교

2. 전문성 개발   187

육 과정을 이수해야 한다.

우리는 시연, 비디오 녹화 및 역할극에서 당신 자신의 임상 및 수퍼비전 작업을 공개적으로 공유하도록 하는 요건을 추가할 것이다. 우리의 경험에 따르면, 수퍼바이저들은 그들의 심리상담 사례에서 빛나는 순간들을 보여 주는 것에 기뻐할 것이다. 그러나 우리는 그들의 실패와 문제가 될 만한 상호작용을 공유하는 수퍼바이저들을 선호한다. 그러한 노출, 그러한 취약성은 수퍼바이저들을 더욱 정직하게 한다. 오래된 농담에 육아와 골프가 어른들을 겸손하게 한다는 것이 있다. 그 목록에 우리는 연습하지 않고 있는 그대로의 자신의 즉흥적인 세션 비디오 녹화물을 보여 주는 것을 정중하게 추가할 것이다.

수퍼비전에 관한 모든 학술 발표는—거의 모든 것이—우리에게 새로운 인식과 기술을 가져다준다. 우리 중 한 명(JCN)은 해결 중심으로 유명한 고 Insoo Kim Berg와 함께 한 워크숍에 참석해 '수퍼-비전(super-vision)'이라는 단어에 대한 새로운 인식을 배웠다. 이 용어는 상호의존성이나 상급 수련생이나 동료들과 함께 하는 동료-비전(peer-vision)과는 대조적으로, '우수한(superior)' 또는 보다 '위(above)'라는 경멸적이고 의도하지 않은 느낌을 지닐 수 있다. 해결 중심 전통에서 Berg는 힘을 공유하고, 학생들이 주제를 공동으로 만들어 내도록 하고, 수퍼바이지 관점을 채택하고, 호기심을 가르치고, 성공을 증폭시키고, 가능하면 '해야 한다(should)'와 '반드시 해야만 한다(must)'를 피하는 언어적 방법들을 가르쳤다. 요점은 직업 생활 주기 전체에 걸쳐서 우리가 이용할 수 있는 임상적 지혜와 연구 결과들을 활용하는 것이다.

선순환으로, 수퍼비전을 하는 것은 우리를 더 나은 임상가로 만든다. 우리는 각 수퍼비전 시간이 임상 작업을 관찰, 처리, 토론 및 분석할 수 있는 심층적인 순간들을 제공한다는 것을 알게 되었고, 이는 많은 연구와 임상적 통찰력을 만들어 낸다.

나(JCN)의 1년에 걸친 LMP와의 통합적 수퍼비전에서 경험한 한 순간이 연구를 촉진하게 되었다. 그녀가 내담자들과 종결 작업을 하는 것을 볼 때, 나는 그녀의 상실감에 대해 궁금해했다. 그리고 그녀는 그것을 즉시 확인해 주었다. 그런 다음, 나는 그녀가 그 작업을 확장시키는 방법으로 어떻게 자신의 상실을 내담자들에게 표현하는지를 배웠는지 물었다. LMP는 도리어 반문하였다. "모든 심리상담사가 작별인사를 할 때 그렇게 하나요?" 그녀의 질문은 65명의 전문 심리상담사(물론 다양한 이론적 지향의)를 대상으로 그들의 주(主) 종결 행동에 관하여 최근 완료한 연구를 추진하게 했다. 그리고, 연구 결과에 의하면 86%의 전문 심리상담사가 종결 중에 환자와 그들 자신 사이의 유대와 상실을 회기 내에서 인정하고 있는 것으로 나타났다(Norcross, Zimmerman, Greenberg, & Swift, 2016).

모든 수퍼비전 경험은 한 사람의 끊임없는 발전에 가치 있는 무언가를 만들어 낸다. 돌멩이 하나라도 스승이 될 수 있다(Kopp, 1985). 비록 나(LMP)는 과거에 좋은 수퍼비전을 경험해 보지 못했지만, 다른 사람을 수퍼비전 할 때 어떻게 행동하지 말아야 하는지를 배움으로써 그러한 수퍼비전도 존중한다. 나는 수퍼비전에서 내가 필요한 것을 요구하기를 두려워하지 않는 것과 내담자들과 함께 그리고 수퍼비전에서 적당히 하는 것에서 벗어나는 것을 배웠다.

대체로, 수퍼비전을 수행하는 것은 가장 보람 있는 전문적 활동 중 하나로 떠오른다. 즉, 그것은 배움, 참여 그리고 놀라움의 끊임없는 원천이다. 수퍼비전의 분명한 만족감을 주는 것들의 많은 부분이 수십 년 전에 Ekstein과 Wallerstein(1972)에 의해 요약되었다. 성숙하고 전문적인 자기실현으로 향하는 길에 있는 학생들에게 진정한 선택들을 제공하는 것, 독립적 마인드가 잘 자라고 도전할 수 있도록 도와주는 것, 어떤 수퍼바이지들은 나중에 친구가 되기도 하고, 연구의 동료가 될지도 모른다는 것을 알게 되는 것, 지식과 기술에서의 성장을 보장하는 방법들을 개발하는 것, 우리가 그런 방법들을 검정하고 개선하도록 자극하는 협력자를 보장하는 것, 수퍼비전의 고귀한 활동을 공감하는 데 있어서 수퍼바이지를 돕는 것, 수퍼바이지의 성장 과정을 촉진하는 것, 그리고 영원한 학습자가 되는 것. 이런 것들은 나쁜 것이 아니다.

3. 자기돌봄과 개인상담

이 두 가지 주제는 심리상담를 성장시키는 데 중요한 핵심이며, 각각은 책 한 권 분량의 고려 대상이 될 만하다. 다행히도 우리 중 한 사람(JCN)은 이미 자기돌봄(Norcross & Guy, 2007)과 개인상담(Geller, Norcross, & Orlinsky, 2005)에 관한 책을 공동 집필했다. 그러나 여기에서 그것들의 확장된 고려 사항들을 기대하기는 어렵다. 통합적 수퍼바이저들 또한 대부분 다른 이론을 지향하는 동료들의 주류에 같이 빠져 있기 때문이다.

1) 자기돌봄

심리상담사는 인간의 행동을 연구하고 변화시키는 전문가들로 정의된다. 즉, 우리는 다른 인간을 연구하고 변화시킨다. 심리학적인 원리와 방법은 거의 우리 자신들에게 적용시키지는 않는다. 그러나 다른 유능한 수퍼바이저들과 마찬가지로, 통합적 수퍼바이저들 또한 자기돌봄에 주의를 기울이는 훈련 부족을 알고, 이를 개선하려고 노력한다.

그 노력의 일환은, 이 책과 한 벌을 이루는 비디오에 나와 있는 것처럼, 때로는 수퍼바이지의 자기돌봄에 대하여 질문하는 것이다. 우리는 정기적으로, 특히 스트레스가 많은 임상적 상호작용과 불안하게 만드는 생활 사건들에 의해 촉발되었을 때 자기돌봄의 문제를 제기하고 있다. 때로는 주제를 제기하는 것만으로 수퍼바이지들에게 충분하고, 다른 경우에는 그들이 스스로를 돌보고 있다는 것을 확실히 하기 위해 더 정교한 개입이 필요하다. 마찬가지로, 다른 사람들을 돌보는 동안 스스로를 돌보는 것에 관한 윤리적 의무와 전문적 책임을 인식할 때 수퍼바이저로서 자기돌봄을 모델링하는 것은 수퍼바이지들에게 도움이 된다. 토론, 모델링, 읽기, 평가를 통해, 우리는 수퍼바이지들과 수퍼바이저들의 자기돌봄을 중요하게 생각한다.

단지 변호사가 된다는 것이 사람을 더 정직하게 만들지 않고, 의사가 된다는 것이 사람을 더 건강하게 만들지 않는 것처럼, 심리상담사가 된다는 것이 자동적으로 자기돌봄에 더 능숙하게 만드는 것은 아니다. 사실은 그 반대가 사실이다.

통합 실무자(그리고 아마도 수퍼바이저)의 자기돌봄은 더 깊어지기보다는 더 넓어지는 것에서 다른 사람들과 다른 경향이 있다 (Norcross, 2000). 정신역동, 인지행동, 인본주의 동료들과 비교했을 때, 통합적 심리상담사들은 더 많은 자기돌봄 전략을 채택하고 있다고 지속적으로 보고한다. 그들은 곤란에 처할 때, 그들 자신의 자기돌봄에 있어서 더 실용적이고, 절충적이며, '세속적'이 된다. 그들은 어떤 하나의 전략 효과가 그다지 대단하지 않다는 것을 인식하는 것처럼 보인다. 자신의 무기고에 특정한 기술을 소유하고 있는 것은 다양한 자기돌봄 전략을 갖고 있는 것보다 덜 중요하다. 아마도 통합적 심리상담사들은 그들의 임상 작업에서 개인적인 삶으로 귀중한 교훈을 확장시켜 왔다. 단일 이론으로의 집중을 피하라, 그리고 광범위한 전선에서 인지적이고 경험적인 성장을 촉진하라, 즉, 다양한 이론적 전통과 연관된 다양한 전략을 포용하라.

그리고 그러한 자기돌봄 전략은 엄밀한 의미의 심리학의 안팎에서, 다양한 전통으로부터 나온다. 우리 요약본의 개요는 다음의 열두 가지 자기돌봄 전략을 포함한다(Norcross & Guy, 2007).

① 심리상담사를 가치 있게 생각하라.
② 보상에 대해 다시 집중하라.
③ 위험을 인식하라.
④ 신체적 건강에 신경 쓰라.
⑤ 인간관계를 활성화시키라.
⑥ 경계를 설정하라.
⑦ 인지를 재구성하라.
⑧ 건강한 탈출을 계속하라.
⑨ 팽창하는 주변 환경을 만들라.

⑩ 개인상담을 받으라.
⑪ 영성과 사명을 함양하라.
⑫ 창의성과 성장을 촉진하라.

2) 개인상담

10번째 자기돌봄 원칙—개인상담을 받으라—은 종사자들과 우리에게 수십 년 동안 깊은 관심의 주제가 되어 왔다(Norcross, 2005). 그 관심은 나 자신을 위한 개인상담에서뿐만 아니라, 행동치료 심리상담사의 대다수가 스스로를 위해서는 행동치료 상담을 선택하지 않고 있다는 초기 멘토들 중 한 사람의 일화(Lazarus, 1971)에서 비롯되었다. 후속 연구 중 5개의 연구에서도 동일한 패턴을 확인했다. 대다수의 행동치료 심리상담사는 행동치료 상담이 아닌 개인상담을 선택한다. 심리상담사들은 그들이 내담자들에게 제공하는 것 또는 그들의 능력 안에 있다고 생각하는 것과는 상당히 다른 임상 전략들을 가치 있게 생각한다는 것이다. 즉, 개인적 수준에서는, 전문적인 수준은 아니더라도, 임상가들은 심리상담의 통합을 마음에 두고 있다는 것이다

우리(그러나 모두가 통합적 수퍼비이저는 아님)는 개인상담을 심리상담 훈련의 중심에 둔다. 그것은 내담자와 함께 작업하는 것 그리고 수퍼비전에서 작업하는 것과 함께, 임상교육에서 가장 심층적이고 엄격한 부분을 형성한다. 『Analysis Terminable and Interminable』에서 Freud(1937/1964)는 "그러나 이 직업에서 필요하게 될 이상적인 자격을 얻기 위해서 그 가엾은 사람은 어디에 그리고 어떤 상태로 있는가? 그 답은 자신을 분석하는 데 있다. 그 분

석으로 자신의 향후 활동에 대한 준비가 시작된다."(p. 246)라고 밝혔다. 우리의 한 연구(Norcross, Dryden, & DeMichele, 1992)에서, 개인상담을 경험해 보지 않았던 심리학자들 39%가 임상 작업을 위한 전제 조건으로 그것이 중요하지 않다고 응답한 것에 비해, 개인 심리상담을 받은 심리학자의 경우에는 4%만이 나타났다. 이를 통하여 우리의 훈련, 정체성, 건강 그리고 자기회복은 개인상담을 중심으로 이루어진다고 볼 수 있다.

정신건강 전문가들 중 대다수는 개인상담을 받았다. 8,000명 이상의 정신건강 전문가가 참여한 17개 연구를 검토한 결과, 약 75%가 적어도 한 건의 개인상담을 받은 적이 있다(Norcross & Guy, 2005). 개인상담이 행해지는 비율은 이론적 지향에 따라 체계적으로 다르다. 정신분석적 임상가는 가장 높은 비율(82~100%)을, 행동치료사는 가장 낮은 비율(44~66%)을, 통합적/절충적 심리상담사들은 더 높은 수준의 비율로 개인상담을 받고 있는 것으로 나타났다.

대부분의 정신건강 전문가가 일단 임상에서의 전문가가 되고 나면 따로 개인상담의 필요성을 느끼지 않는다는 치명적인 속설은 계속 이어지고 있다. 그러나 반면에 이런 속설은 착각에 지나지 않다는 것을 보여 주기도 한다. 대부분의 숙련된 임상가(범위 43~62%)는 사실 그들이 제공하는 바로 그 서비스를 그들 자신을 위해서도 이용한다. 그들의 경력 동안에 반복적으로 개인 심리상담을 추구하는 심리상담사들은 그러한 심리상담이 형성적 훈련 단계의 필수적인 부분일 뿐만 아니라 실무자의 지속적인 성숙과 재회복시키는 발달에 중요한 요소로 널리 인식되고 있다는 결론을 지지한다.

개인상담을 받는 것이 내담자의 결과에 긍정적으로 혹은 부정적으로 관련이 있다는 것을 증명하는 통제된 연구는 없다. 이 문제에 대한 모든 연구는 대규모 표본, 통제, 개인상담을 받는 것 혹은 심리상담을 받지 않는 것에 대한 무선 배치, 그리고 전향적 연구 설계의 부재로 인해 어려움을 겪어 왔기 때문에, 여기에 필요한 근거 데이터는 바로 심리상담사들에 대한 연구로부터 나온다. 여기서 ① 강화된 관계 기술, ② 향상된 개인 기능, ③ 풍부한 전문적 개발에 대한 수퍼바이저 발달을 위한 증거는 간접적이지만 풍부하다 (Norcross, 2005; Orlinskinsky & Norcross, 2005 참조).

심리상담사의 개인적인 심리상담의 일차적인 목표는 실제로 개인적이다. 즉, 동시에 성신건강 전문가이기도 한 그 사람의 자각, 기능, 삶의 만족도를 높이는 것이다. 이차적인 목표는 그 효과를 향상시키는 방법으로 후속 심리상담 작업의 성격을 바꾸는 것이다. 개인 심리상담은 사람의 개인적 기능을 향상시키는 것과 그 사람의 전문적인 수행을 향상시키는 것 둘 다를 위해 고려되었다 (Geller, Norcross, & Orlinsky, 2005).

이러한 긴밀히 연결된 두 가지의 목표를 획득하는 메커니즘은 심리상담사-내담자의 수만큼 복잡하고 개인화된다. 그럼에도 불구하고 심리상담사의 심리상담 기법이 어떻게 그들의 임상 작업을 향상시키는지에 대한 최소한 여섯 가지의 공통점을 문헌에서 확인할 수 있다.

- 심리상담사의 정서적·정신적 기능을 향상시킨다. 그것은 개인의 건강이 필수적인 기초인 분야에서 임상가의 삶을 덜 신경질으로 만드는 반면에 더 만족스럽게 만든다.
- 심리상담사-내담자에게 개인적 역학 관계, 대인관계 도출 및

내부 갈등에 대한 보다 완전한 이해를 제공한다. 심리상담사는 이에 따라 보다 명확한 인식과 덜 오염된 반응 그리고 감소된 역전이 가능성을 가지고 심리상담을 실시할 수 있다.

- 심리상담의 실천에 내재된 정서적 스트레스와 부담을 경감시킨다. 그것은 실무자들이 그 기술에 의해 부과된 특별한 문제들을 더 성공적으로 다룰 수 있게 해 준다.
- 심오한 사회화 경험의 역할을 한다. 심리상담의 유효성에 대한 확신감을 확립하고, 자신의 생활 속에서 그 변형적인 힘을 증명하며, 심리상담사 역할의 내실화를 촉진한다.
- 심리상담사를 내담자의 역할에 둔다. 이를 통하여 내담자들의 대인관계 반응과 요구에 심리상담사들을 민감하게 하고 내담자들의 투쟁에 대한 존중을 증가시킨다.
- 임상 방법을 관찰할 수 있는 직접적이고 집중적인 기회를 제공한다. 다른 심리상담사의 심리상담에서의 대인관계와 기술력을 모델링한다.

이 모든 이유로, 우리는 임상 훈련과 수퍼바이저 발달의 일환으로 개인 심리상담을 강력히 권장한다.

3) 개인 발달 활동

개인상담의 놀라운 힘과 사회화의 효과를 확신하고 있지만, 우리는 다양한 학생에게 획일적인 길이의 단일 성장 경험을 요구하기를 망설이게 된다. 그러한 단편 일률적인 요구 조건은 아마도 '사람마다 제각각이다'라는 통합의 격률에는 맞지 않을 것이다. 따라서 우리는 개인 발전과 삶을 향상시키기 위한 더 넓고 더 유연한 기회를 가지는 것을 지지한다. 이것은 틀림없이 개인 심리상담뿐 아니라 피서 등을 통한 휴가, 지지 그룹, 자조 활동, 명상, 발달 연습, 과정 그룹, 기타 강화 및 실험 수단 등도 포함된다. 가능한 모든 효과적인 수단을 동원하여 수퍼바이지들을 양성하라.

4. 계속되는 학습과 자문

전문적 발달과 윤리적 행동의 문제로서, 통합적 수퍼바이저들은 역량을 위하여 평생을 헌신한다. 지속적인 평생교육보다 더 나은 수단이 무엇이겠는가? CE는 무서운 의무적인 '계속되는 교육(continuing education)'이라기보다는 '갈망하는 교육(craving eduction)'의 약칭이 된다.

의도된 연습이 통합의 달인을 만든다. 전문가 수행에 대한 연구와 일관되게, 심리상담 기술을 향상시키는 데 투자되는 시간은 상당한 수준으로 내담자의 상담 결과를 예측할 수 있다(예: Chow et al., 2015; Persons, Hong, Eidelman, & Owen, 2016). 우리는 이 심리상담 연구의 주요 부분을 기반으로 수퍼비전을 추론한다. 즉, 수퍼비전 기술 향상에 쏟는 시간의 양은 수퍼바이지의 성과도 향상시킬 수 있다는 것이다. 자기성찰과 자기실무는 수퍼비전 세션의 기록 검토, 자기성찰 보고서 사용, 성과에 대한 독립적인 피드백 수집, 우리 자신의 수퍼비전에 대한 수퍼비전 수행, 협의 모색 등을 수반할 수 있다. 이러한 다양한 방법은 가장 효과가 좋은 실천력 향상으로 이어질 것이다.

지난 10년 동안, 나(JCN)는 그들의 수퍼비전에 대한 수퍼비전을 제공하기 위해 숙련된 동료들의 점검을 받아 왔고, 또한 여러 번 그렇게 해 왔다. [사실 나는 이러한 경우에서 동료 수퍼비전(peer-vision)이나 컨설팅(consultation)이라는 용어를 더 선호한다.] 역설적이게도 그러한 수퍼비전을 열 번 중 아홉 번 간절히 원하는 동료들은 가장 숙련된 수퍼바이저들로 성장하는 것으로 나타났다. 반면에 무관심하거나 강압에 의해서만 그것을 추구하는 사람들은 대개 최악의 수퍼바이저가 되는 것으로 드러난다. 연습을 통하여 완벽해 질 수 있지만, 탁월해지기 위한 헌신 또한 완벽해지는 요인이다.

마지막으로, 지속적인 교육은 지속적인 도전과 기쁨을 가져온다. 우리가 새로운 내담자 피드백 시스템으로 실험하거나, 최근의 심리상담 방법을 배우거나, 저널에 기록된 수퍼비전 과정을 실행할 때마다, 우리는 활력을 얻고 새로워진다. 한 수퍼바이지가 엄청난 작업거리인 일기장, 책, 비디오를 가리키며 악의 없이 물었다. "이런 작업 분석을 안 하는 날이 올까요?" 나(JCN)는 "아니, 분명히 아니길 바라!"라고 대답한 뒤 "바다에는 해안이 없고, 배움에는 끝이 없다."라는 이디시어(Yiddish) 속담을 환기시켰다.

제**7**장

연구 지원

심리상담 그 자체와 마찬가지로, 심리상담 수퍼비전에 대해서도 입증된 효과에 대한 언급 없이 말하는 것은 점점 더 어려워지고 있다. 통합적 관점의 도입은 수련생들과 그들의 내담자들에 대한 수퍼비전의 미묘하고 복잡한 영향을 연구하는 것에 대한 어려움을 줄이는 데 아무런 도움이 되지 않는다. 실제로 통합은 수퍼비전 결과를 측정하는 일을 확대한다.

통합적 수퍼비전에 대한 연구 지원은 크게 두 가지 형태이다. 그것은 임상 수퍼비전에서 일반적으로 무엇이 효과적인가와 특히 통합적 수퍼비전에 무엇이 효과적인가에 관한 연구이다. 다음은 우리가 일반적으로 알고 있는 것에 대한 일부 내용과 통합적 수퍼비전의 비교 효과에 대한 흥미롭지만 사전 통제된 연구에 대한 좀 더 자세한 논의들이다.

1. 수퍼비전 연구에서 우리가 일반적으로 알고 있는 것

첫째, 가장 일반적으로, 전체 수퍼비전 연구는 통합적 수퍼비전에 대해 알려 준다. 통합적이라는 것의 진정한 이점은 수퍼비전에 대한 현존하는 연구를 수확하고, 모든 수퍼바이지에게 그리고 다른 수퍼바이지들 사이에서 효과적인 것을 추려내는 능력을 포함한다. 통합은 최첨단 연구 결과를 그것의 개방적이고 진화하는 시스템에 통합하려고 노력한다는 것이다.

연구자들은 수십 년 동안 임상 수퍼비전의 효과를 조사하고 토론해 왔다(M. V. Ellis & Ladany, 1997; Lambert & Ogles, 1997). 사실 우리는 수퍼비전이 수퍼바이지의 심리상담 결과를 실제적으로 향상시키는지 여부에 대한 문제를 다루는 충분한 양과 질의 무선 통제 실험 결과를 가지고 있지는 않다. 현존하는 연구는 내담자의 이익에 미치는 수퍼비전의 영향이 아니라 수퍼비전, 수퍼비전 동맹 그리고 수퍼바이지 자기평가에 대한 만족에 미치는 수퍼비전의 영향을 주로 다루었다(Freitas, 2002; Milne, Aylott, Fitzpatrick, & Elis, 2008). M. V. Ellis(2010)는 28년간에 걸친 연구를 통해 임상 수퍼비전의 과학과 실제를 연결하려는 시도로, '그것은 건설 중인 다리'라고 하였다.

방법론적으로 엄격하지 않은 연구의 큰 틀에서 우리가 가진 것은 수퍼비전을 실행하는 것에 관한 좋은 실제들이나 증거 기반 원리들의 목록이다. 수많은 검토자에 의해 정수만 뽑아 증명한, 수백 개의 연구 보고서(예: American Psychological Association, 2015; Bernard & Goodyear, 2014; M. V. Ellis, 2010; M. V. Ellis & Ladany, 1997; Milne et al., 2008)는 다음과 같이 요약한다.

- 따뜻하고 신뢰할 수 있는 수퍼비전 작업동맹 구축하기
- 작업동맹 균열을 다루고 역전이 관리하기
- 사전 동의서 및 서면 계약서(목표 설정)를 사용하기
- 수퍼바이지가 세션에서 실제로 수행하는 것을 관찰하기
- 수퍼바이지 역량에 초점을 맞추고, 그러한 역량의 최소 수준을 달성하기
- 풍부한 형성적 피드백을 제공하고, 때때로 종합 피드백을 제

2. 통합적 연구에서 우리가 특별히 알고 있는 것   203

공하기
- 학습되어야 할 기술들을 모델링하거나 시연하기
- 수퍼바아지에게 기술적 · 관계적 및 개념적 기술을 가르치기
- 수퍼바이지의 내담자들의 경과를 모니터링하기
- 적절한 경계 유지하기와 윤리적 행위 모델링하기
- 수퍼비전에서 일어난 일 문서화하기(그리고 관계와 수퍼바이지들의 부족한 점)
- 수퍼비전의 3자(내담자, 수퍼바이지, 수퍼바이저)에 참여하는 모든 참가자의 문화적 정체성 다루기
- 한 명의 수퍼바이지와 특정 상황에 수퍼비전을 개별화하기

이러한 연구 지원 원칙들이나 증거 기반 실제들이 단일 이론적 전통에서 비롯된 것은 전혀 없다는 것은 특히 중요하다. 어떤 것도 하나의 이론적 모델에 국한되지 않는다. 우리는 이러한 강력한 공통 요소를 수용하고, 동시에 수퍼바이지들 사이의 주요 차이점을 활용한다. 우리를 편파적이라고 부르지만, 우리는 누적된 연구 결과를 명백한 통합적 수퍼비전의 자원으로 특징한다!

2. 통합적 연구에서 우리가 특별히 알고 있는 것

둘째, 통합적 수퍼비전에 구체적인 것은 성공을 조사하는 연구이다. 이전 장에서 우리는 수퍼비전 자체가 아니라, 통합적 심리상담을 지지하는 많은 연구 개요를 살펴보았다. 즉, 내담자의 초진단적 특징들(단계, 선호, 반응성, 문화 등)에 심리상담을 맞추거나 개별

화하는 것이 상담 결과를 향상시키고 중도탈락을 감소시킨다는 것을 입증하는 다중 메타분석을 검토하였다. 그 연구 증거는 강력하고 설득력이 있지만, 경험적으로 설득력이 없었던 것은 통합적인 심리상담이 통합적 수퍼비전을 통해 학습될 수 있는지 여부와, 이와 더불어 내담자에게 더 많은 이익을 줄 수 있는지의 여부이다.

확실히, 수십 년 동안 동료들과 나(ICN)에 의해 수행된 통합적 수퍼비전 지원은 내담자의 이익을 증가시켰다. 수백 명의 수퍼바이지들은 체계적이고 통합적인 작업 방식의 결과로 더 효과적이고 효율적인 심리상담 방법을 발견했다. 그러나 대부분의 수퍼바이저는 비슷한 주장을 할 것이다. 통합적 수퍼비전이 수퍼바이시들의 내담자들에게 탁월한 치료 결과를 만들어 낸다는 것을 통제된 연구에서 증명할 수 있는가?

최근의 한 연구는 한 형태의 통합적 수퍼비전—Systematic Treatment Selection(STS; Beutler, Clarkin, 2000)—을 위해 이 질문을 직접 다루었다(Norcross & Beutler, 2014). 통제된 연구는 수퍼바이저에 대한 심리상담사의 준 무선 할당과 내담자를 심리상담사에게 할당하는 순환 일정과 일치하는 임상 실험 설계를 사용했다(Holt et al., 2015). 심리상담사들은 임상심리학 박사과정 학생으로, 최소 2년간의 임상 경험을 가지고 있었다. 그들은 보통의 수퍼비전(Supervision As Usual: SAU)을 받았거나, STS 훈련을 받은 수퍼바이저로부터의 수퍼비전(SAS)을 받았다. 결과 분석은 Outcome Questionnaire-45(OQ-45)의 사전-사후 검사 실시를 사용하여 일치된 2(SAS 대 SAU)×3(시간)을 기반으로 했다.

이 연구에 자발적으로 참여한 수퍼바이저들은 처음으로 STS 수퍼비전에 대한 교육을 받았다. 매칭 원리는 이 책의 앞부분에서 검토한 바와 같이, 내담자의 반응성 수준, 대처 스타일, 선호와 변화의 단계에 치료를 맞추는 것과 같은, 기존 문헌의 메타분석적 검토(Castonguay & Beutler, 2017; Norcross, 2011)에서 특히 강한 결과 효과 크기를 획득한 원칙들이었다. 훈련 프로그램은 각 수퍼바이저가 참여 PhD와 PsyD 수퍼바이지들과 함께 사용할, 8세션 또는 16세션 상담을 위해 세션별 과제의 개요를 설명했다. 수퍼비전은 순서대로 각 매칭 원리들 제시, 그것을 어떻게 실행할 것인가에 대한 논의, STS에 대한 학생들의 개입의 준수에 대한 주기적인 세션 내 평가가 포함되었다.

수퍼비전은 InnerLife STS, 내담자 문제 영역에 대한 클라우드 기반 평가, 내담자 특성들 STS, 그리고 STS 원칙에 기초한 치료 권고사항의 사용에 의해 보완되었다. InnerLife는 또한 인테이크 증상, 위험, 수퍼비전에서 사용된 치료 계획 변수들의 몇 가지 도식 표시를 제공했다.

이 연구의 환자들은 대학 외래 환자 진료소에 순차적으로 입원했다. 그들의 진단은 클리닉의 성격과 위치를 반영하여 다양했다. 주된 진단은 우울증, 불안감, 성격장애를 포함하며, 중등도 범위 내에서 평균을 보였다. 통상적으로, 클리닉은 진행 중인 정신질환을 가진 환자와 장기 치료가 필요한 환자들을 언급했다. 내담자들의 사회경제적 특성은 다른 진료소의 요금 적용표보다는 전형적이지 않은 저소득 및 일용직 근무인 경향이 있었다.

SAS를 받은 각 내담자는 클리닉에서 상담을 시작한 다음 환자와 SAS 환자 바로 앞에 있던 환자와 일치했다. SAS와 SAU 환자는 인구통계나 진단에 따라 차이가 없었다. 심리상담이 끝날 때, 두 가지 유형의 수퍼비전에서 보인 내담자들은 OQ-45를 포함한 표준결과

측정치에 의해 비교되었다.

통합형 STS 수퍼비전을 받은 학생 심리상담사들은 일반적인 수퍼비전을 받는 학생들에 의해 달성된 상담 결과보다 향상된 결과를 나타내었다. 상담이 끝날 때(치료 길이에 따라 평균) SAU 수련자가 본 내담자의 사전-사후 효과 크기(d)는 꽤 큰 0.72였다. 그러나 SAS 그룹에 의해 달성된 효과 크기는 실질적으로 더 컸으며($d=1.37$), 이 그룹에 속한 내담자의 81%가 최종 결과 점수에 기반하여 '정상적인' 기능으로 복귀했다. 일반적인 수퍼비전에 대한 STS 수퍼비전에 대한 추가 기여는 0.65의 효과(d)로 설명할 수 있다. 따라서 다양한 내담자가 있는 커뮤니티 환경에서, STS 수퍼비전은 일반적인 수퍼비전보다 증가된 내담자 이익을 냈다(Stein et al., 2016). 수퍼바이저 효과와 시간이 들어간 치료 효과는 모두 언급된 차이점들에 기여하는 것으로 제외되었다. 유일하게 신뢰할 수 있는 결과 예측 변수는 수퍼비전 유형(SAS 대 SAU)이었다.

단일 설정에서 얻은 이러한 인상적인 결과는 물론 반복 검증이 필요하다. 동시에, 초기 결과들은 2장에서 검토한 바와 같이 내담자에게 상담을 맞춤으로써 증가된 심리상담의 이익과 유사하다. 우리가 아는 한, 이것은 특정한 형태의 수퍼비전, 즉 통합적인 수퍼비전을 받는 수련생들의 내담자들의 차별적인 향상을 보여 주는 최초의 통제된 연구 중 하나이다.

요약해 보면, 통합적 수퍼자이저는 증거 기반 실제에 주력하는데, 이에는 최상으로 적용할 수 있는 연구들 활용하기, 임상에 대한 전문 지식 구축하기, 내담자/수퍼바이지 가치, 선호도 및 특성 통합하기 등이 있다. 통합적 수퍼비전을 지원하는 연구는 대규모의 일반적 수퍼비전 문헌과 발생 초기의 통제된 성과 연구 등에서 나온다. 심리상담 분야가 거침없이 통합으로 진화함에 따라, 이에 대한 임상 수퍼비전도 더 분명하게 하고 강화시킬 수 있는 많은 연구가 나오기를 간절하게 기대한다.

제8장

결론과 향후 방향

정신건강 전문가들은 전통적으로 고립된 단일 이론 접근법이나 다중의 경쟁 이론 접근법에서 배워 왔다. 단일 이론 집중은 '이것'이 유일하고 유일한 진실임을 시사하는 반면, 다중 이론적 비교는 진리가 존재하지 않음을 암시한다. 그 결과는 종종 정통파에 대한 협소한 추종자들 또는 부분적 역량의 혼돈된 조합에 폭넓은 기반을 둔 실무자들을 양산하였다. 우리는 뻔뻔스럽게 체계적이고 연구 정보에 입각한 통합이라는 더 나은 방법이 있다고 고집하고 있으며, 그것은 현재 훈련과 감독에 이용될 수 있다.

그러나 통합적 수퍼비전은 지난 20년간 임상적 정교함과 연구 지원에서 변화를 거듭해 왔다. 내(JCN)가 1980년에 대학원 교육을 시작했을 때, '절충적' 수퍼비전은 원형적으로 수퍼바이저의 독특하면서도 논리가 서 있지 않은 시각에서 행해졌다. 칭찬할 만한 것에서 '무엇이 효과적인지', 육감과 경험에 의한 절충주의와 '각 내담자는 다르다'는 다원주의가 압도적이었지만, 구체적인 방향이나 지지하는 연구 없이 이루어졌다. 그러나 앞으로 통합적 수퍼비전은 체계적인 과정과 경험적인 틀에 의해 설명될 것이다. 이것은 더 이상 우리 선세대들이 했던 모호했던 절충주의는 아닐 것이다.

과거에도, 역시 통합적 수퍼비전은 특정 문제에 대한 임상 기법 선택—즉, 장애 Z에 대한 방법 X로 특징지우는 것—에 주로 관심이 있었다. 현재와 미래에 통합적인 수퍼비전은 수련생들이 진단적, 특히 초진단적 특징들을 위해 '선택된 상담 기법'뿐만 아니라 '선택된 상담적 관계'를 선택할 수 있도록 돕는다. 심리상담과 수퍼비전에서의 이러한 조정이나 반응성은 정밀도나 개인화된 의학과 유사하다. 즉, 각 개인이 어떻게 가장 잘 치유되고 성장할 수 있는 지를 결정하는 것이다.

우리가 통합적 수퍼비전의 긍정적인 미래를 믿을 충분한 이유는 많다. 우선 통합은, 다중 가이드에서, 정신건강 전문가들의 패러다임 지향으로 지속적으로 나타나고 있다. 이 책의 7장에서 검토한 바와 같이, 효과적인 수퍼비전에 대한 누적된 연구는 확실하게 범이론적 수퍼비전을 뒷받침해 주고 있다. 능력 중심 교육과 증거 기반 실제의 융합은 통합에 유리하며, 학제 간 연구 및 글로벌화를 지향하는 다른 의료 환경으로의 임상 서비스 이동도 통합적 경향을 가지고 있다. 더구나 보험회사들과 더 많은 내담자는 통합적인 전통 안에서 개별화되고 연구 지원을 받는 상담들을 선호하고 있다. 따라서 심리상담 전문가들은 21세기까지 통합의 인기가 높아질 것으로 전망하고 있다(Norcross, Pfund, & Prochaska, 2013).

연구에 따르면 심리, 정신의학, 상담 및 사회적 직업 훈련 프로그램의 대부분이 통합에 찬성하고 있다(예: D. M. Allen, Kennedy, Veeser, & Grosso, 2000; Goldner-deBeer, 1999; Lampropoulos & Dixon, 2007). 연수 책임자들은 학생들이 주요 심리상담 모델들을 많이 접할 수 있도록 하면서, 학생들에게 다른 상담 접근법을 경험하는 실습을 적극적으로 권장하고 있다고 보고하고 있다. 그리고 대부분의 훈련 프로그램에서 학생들의 태도 또한 통합에 긍정적인 것으로 나타났다.

통합적 수퍼비전의 미래는 어떻게 될 것인가? 우리는 역량 벤치마크, 기술 진보, 개인과 문화적 차이 그리고 성과 연구라는 네 가지 방향을 자신 있게 예측한다.

1. 역량 벤치마크

졸업생들의 능력과 수퍼비전의 적절성은 검증되기보다는 전형적으로 가정되어 왔다. 그동안 50년 이상이나 수퍼바이지들이나 수퍼바이저들은 그들의 능력을 실제로 검증받을 필요가 없었다(Kaslow, 2004). 대부분의 심리상담 수퍼바이저는 그 활동에서 공식적인 훈련이나 수퍼비전을 받지 않았다. 그러나 앞으로 통합적 수퍼바이저들은 수퍼비전에 관한 정식 과정을 이수하고, 수퍼비전에 대한 수퍼비전을 받게 될 것이며, 더 높은 수준의 수행으로 검증될 것이다. 이는 매우 중요한 이슈로, 심리상담 수퍼바이지의 절반 정도가 훈련의 어느 시점에서 유해한 수퍼비전을 보고하고 있으며, 어느 시점에서는 완전히 3/4 정도가 부적절한 수퍼비전을 경험하였다고 보고한다(M. V. Ellis, 2010).

수퍼비전은 정신건강 전문가들의 핵심 역량으로 점점 더 인식될 것이다. 현재 다른 보건 분야의 표준 비용을 산출하는 역량 조건들도 조만간에 새로운 요건으로 제시될 것이다(Kaslow, Falender, & Grus, 2012). 수퍼바이저를 위한 다양한 가이드라인(예: American Psychological Association, 2015) 및 역량 벤치마크(예: Fouad et al., 2009)는 이미 이용 가능한 수준에 있다. 이와 더불어 임상 수퍼비전에 대한 역량이 서서히 성장하고 확대되어 가고 있다.

우리가 좋아하는 만화 중 하나의 장면에서, 한 남자가 자동차로 걸어가서 다른 사람에게 차 키를 던지면서 말한다. "너는 운전해. 나는 비판할 거야!" 그 만화는 심리상담의 일부분을 적절하게 묘사하고 있고, 우리가 솔직하게 인정한다면 임상 수퍼비전의 일부분을 묘사하고 있다고 볼 수 있다. 자기 자신의 노출과 취약성을 감수하는 것보다 다른 사람의 행동을 비판하는 것이 훨씬 더 쉽다. 그러나 우리는 유능한 수퍼비전에 대한 예를 더 제공하기 위하여 더 많은 비디오 녹화 및 통합적 수퍼비전 시연을 활성화할 것이다.

2. 기술 진보

우리는 통합적 슈퍼비전에 있어서 기술의 정점에 접근하고 있다. 가상상담과 원거리 수퍼비전은 수반되는 법적·윤리적 및 규범적 얽힘과 함께 여기에 있다.

다중 진단적 및 초진단적 변수가 서로 상호작용하는 방식을 인식함에 따라, 심리상담의 복잡성이 증대된다. 컴퓨터 기술은 효과적인 평가를 제공하고, 무수히 많은 종류의 치환 가능한 내담자의 특성들의 면면에 치료를 맞출 때 임상가들을 도울 수 있는 잠재 가능성을 가지고 있다. 인간은 4개의 변수만 동시에 유동적으로 처리할 수 있지만(Halford, Baker, McCredden, & Bain, 2005), 컴퓨터는 더 많은 치환을 효율적으로 수행할 수 있기 때문이다.

InnerLife Systematic Treatment Selection(STS)은 심리상담 내담자를 위한 클라우드 기반 평가 및 모니터링 앱이다. 7장에서 기술한 바와 같이, 다수의 초진단적 내담자 특징들과 증상 등을 제시하고, 복잡성을 평가한 후, 알고리즘에 기초한 증거 기반 치료 및 자조 지침을 제공한다[나(JCN)는 InnerLife STS의 연구 과학자로서 권리를 주장하지 않는다.]. 이러한 상담기술은 상담 적용의 여러 가지 식별을 더 쉽게 만들 것이고 향후 통합 수퍼바이지 및 수퍼바이저들을 위해 보다 신뢰할 수 있는 방식으로 발전할 것이다.

그 STS 전통(Beutler & Harwood, 2004)에서 가상현실 기술은 심리 상담사들을 훈련하는 데 적용되어 왔다. 변화의 사전 숙고 단계 또는 낮은 반응성과 같은 특성을 나타내는 내담자의 시각적 연출은, 수퍼바이지들이 상담를 해도 되는 것과 상담을 해서는 안 되는 것에 대한 단서를 인식하는 데 도움을 주고, 동시에 내담자 반응의 형태로, 선택된 치료에 대하여 즉각적인 피드백을 제공한다. 이러한 절차는 다른 관계 상태 및 상담 전략의 사용을 유발하는 내담자 행동들과 단서들을 식별하는 데 있어서 수퍼바이지를 돕기 위해 고안되었다. 이러한 방법론은 모든 '가상의(vertual)' 상담 환경의 안전한 곳에서 훈련을 향상시킬 수 있다는 것이다.

3. 개인적 · 문화적 차이

정신건강 전문가들은 우리 사회, 건강 관리, 임상 훈련을 손상시킨 다양한 주의(-isms)—인종주의, 성차별주의, 이성애주의, 연령 차별주의 등—를 적절하게 다루기 시작했다. 미래에는 이러한 개인적 · 문화적 차이가 장애물이 아니라 심리상담의 효과와 적용 가능성을 향상시키는 매개 역할을 할 것으로 예상된다.

심리학도 101명 모두가 숙달하는 기본적인 교훈은 사람들은 저마다 다르다는 것이다. 이러한 인간의 차이는 임상 서비스를 향상시키는 강력한 초진단적 적용으로 전환된다. 이러한 심리학적 · 의학적 치료의 인종적 · 민족적 적용은 인간들에 대한 보살핌을 강화하고 특히 유색인종들에 대한 건강 불균형을 감소시킨다. 심리상담의 종교적·영적 적용은 신앙을 가진 사람들의 유대관계를 증진 시키고 영성을 고양시킨다. 더 많은 혹은 더 적은 심리상담사의 지 시성에 더 잘 반응하는 내담자들을 위한 관계적 적용은 더 나은 결 과를 도출하기도 한다. 약물치료, 심리상담 그리고/또는 자조를 찾 는 내담자들을 위한 선호 적용은 더 나은 적합성과 보다 나은 자원 의 활용에 도움이 된다. 이러한 소중한 차이점들은 통합적 수퍼비 전에 있어 힘과 지침의 자원이 된다.

4. 성과 연구

우리는 수퍼바이지들이 더 신뢰받고 존경받는다고 느끼고, 그들 이 전문가로 성장하고 발달하는, 통합적 수퍼비전을 실시하는 것 을 강력하게 추구한다. 이러한 훌륭한 기준은 향후 내담자 이익이 더 중요한 윤리적 기준이 됨에 따라 더 강조될 것으로 보인다. 통 합적 수퍼바이지의 상담을 받은 내담자들은 성공적이었는가? 우리 는 이것을 우리의 윤리적 의무, 즉 영화 〈Star Trek〉의 '프라임 디렉 티브(prime directiv)'처럼 최우선 지침이라고 생각한다. 심리상담의 전문성에 있어 수퍼비전의 궁극적인 역할 및 목적은 상담 결과를 향상시키는 것이다. 따라서 내담자들을 보호하고 그들의 건강을 증진하는 것이 임상 수퍼비전에서의 궁극적인 책임이다.

모든 장르의 임상 수퍼비전이 그렇듯이, 앞으로 통합적 수퍼비 전의 성과에 대해서도 더 많은 연구가 검증될 것이다. 통합적 수퍼 비전의 차별화된 성공에 대한 인상적인 초기 결과(7장 참조)는 다양 한 세팅과 조사를 통해 반복 실시하여 재검증이 필요하다. 내담자에 대한 혜택이 더 좋아진다는 확신이 시간과 더불어 유효할 수 있기를 기대한다.

또한 우리는 수련생들에게 개별적인 수퍼비전을 맞추는 것에 대한 더 많은 연구를 필요로 한다. 현재의 모델들은 좋아 보이지만 완전한 것은 아니다. 수퍼바이지의 선호성, 발달 단계, 심리상담 접근법, 인지 스타일/반응성 수준, 문화적 정체성, 임상 환경 등 3장에서 확인된 수퍼바이지 차원들이 그런 맞춤에 필수적인 것으로 입증이 되는가? 아니면 유익한 효과는 실제적인 방법보다는 수퍼비전을 개인화하는 관계적인 측면에서 주로 확인되기도 할 것이다. 이에 이 모든 모델은 향후 10년 안에 연구에 대한 설명과 검증이 이루어지리라 기대해 본다.

우리는 통합이 과학과 전문 직업의 필연적인 경로임을 그동안의 역사가 증명한다는 확신을 가지고 수퍼비전에서 통합적으로 일하고 있다(Feyerabend, 1970; Kuhn, 1970). 심리상담 분야에 이어, 임상 수퍼비전은 이념 투쟁의 감소와 화해를 향한 움직임을 다 경험하고 있다. 수퍼비전에서의 과학과 실제의 수렴은—아직도 건설 중인 다리라면(M. V. Ellis, 2010)—통합 경로를 선호한다. 우리는 수퍼바이저들이 전통적인 단일 이론보다 덜 편협하고, 더 다원적이며, 더 효과적인 통합적인 과정과 산물을 제공하는 미래를 기대하고 있다. 따라서 효과적인 수퍼비전은 한 브랜드나 학파 이름이 아니라, 얼마나 잘 수퍼바이지들을 성장시키고 내담자에 대한 심리상담을 향상시키는가에 따라 규정될 것이다.

추천도서

American Psychological Association. (2015). Guidelines for clinical supervision in health service psychology. *American Psychologist*, *70*, 33–46. APA's supervision guidelines are among the most recent and comprehensive of the genre; a blend of best practices, research evidence, and preachy exhortation.

Bernard, J. M., & Goodyear, R. K. (2014). *Fundamentals of clinical supervision* (5th ed.). New York, NY: Pearson. It features a splendid integration of research findings and supervision measures.

Norcross, J. C. (Ed.). (2011). *Psychotherapy relationships that work* (2nd ed.). New York, NY: Oxford University Press. A summary of meta–analytic results and clinical practices on effective elements of the therapeutic relationship (what works in general) and on effective methods to tailor therapy to the individual (what works in particular).

Norcross, J. C. (2013). *Integrative therapy* [DVD]. Washington, DC: American Psychological Association. A videotaped illustration and discussion of integrative therapy that emphasizes tailoring to the individual client; here's how one of the authors does it.

Norcross, J. C., & Goldfried, M. R. (Eds.). (2005). *Handbook of psychotherapy integration* (2nd ed.). New York, NY: Oxford

University Press. A comprehensive overview of the history, practice, training, research, and contributions of psychotherapy integration.

Norcross, J. C., & Guy, J. D. (Eds.). (2007). *Leaving it at the office: A guide to psychotherapist self-care.* New York, NY: Guilford. A primer on necessary self-care for mental health professionals.

Prochaska, J. O., & Norcross, J. C. (2013). *Systems of psychotherapy: A transtheoretical analysis* (8th ed.). Pacific Grove, CA: Cengage-Brooks/Cole. A thorough description and comparative analysis of the leading theories/systems of psychotherapy; one cannot integrate what one does not know.

참고문헌

Allen, D. M., Kennedy, C. L., Veeser, W. R., & Grosso, T. (2000). Teaching the integration of psychotherapy paradigms in a psychiatric residency seminar. *Academic Psychiatry, 24*, 6-13. http://dx.doi. org/10.1007/BF03340066

Allen, G. J., Szollos, S. J., & Williams, B. E. (1986). Doctoral students' comparative evaluations of best and worst psychotherapy supervision. *Professional Psychology: Research and Practice, 17*, 91-99. http://dx.doi.org/10.1037/0735-7028.17.2.91

Allison, K. W., Crawford, I., Echemendia, R., Robinson, L., & Knepp, D. (1994). Human diversity and professional competence: Training in clinical and counseling psychology revisited. *American Psychologist, 49*, 792-796. http://dx.doi.org/10.1037/0003-066X.49.9.792

American Psychological Association. (2015). Guidelines for clinical supervision in health service psychology. *American Psychologist, 70*, 33-46. http://dx.doi.org/10.1037/a0038112

Andrews, J. D. W., Norcross, J. C., & Halgin, R. P. (1992). Training in psychotherapy integration. In J. C. Norcross & M. R. Goldfried (Eds.), *Handbook of psychotherapy integration* (pp. 563-591). New York, NY: Basic Books.

Arkowitz, S. W. (2001). Perfectionism in the supervisee. In S. Gill (Ed.),

The supervisory alliance: Facilitating the psychotherapist's learning experience. Northvale, NJ: Jason Aronson.

Austad, C. S., Sherman, W. O., Morgan, T., & Holstein, L. (1992). The psychotherapist and the managed care setting. *Professional Psychology: Research and Practice, 23*, 329-332.

Berger, S. S., & Buchholz, E. S. (1993). On becoming a supervisee: Preparation for learning in a supervisory relationship. Psychotherapy: Theory, *Research, Practice, Training, 30*, 86-92. http://dx.doi.org/10.1037/0033-3204.30.1.86

Bernal, G., & Rodriguez, M. M. D. (Eds.). (2012). *Cultural adaptations: Tools for evidence-based practice with diverse populations*. Washington, DC: American Psychological Association. http://dx.doi.org/10.1037/13752-000

Bernard, J. M., & Goodyear, R. K. (2014). *Fundamentals of clinical supervision* (5th ed.). New York, NY: Pearson.

Beutler, L. E. (1999). Manualizing flexibility: The training of eclectic therapists. *Journal of Clinical Psychology, 55*, 399-404. http://dx.doi.org/10.1093/acprof:oso/9780195105308.001.0001

Beutler, L. E., & Harwood, T. M. (2000). *Prescriptive psychotherapy: A practical guide to systematic treatment selection*. New York, NY: Oxford University Press. http://dx.doi.org/10.1093/med:psych/9780195136692.001.0001

Beutler, L. E., & Harwood, T. M. (2004). Virtual reality in psychotherapy training. *Journal of Clinical Psychology, 60*, 317-330. http://dx.doi.org/10.1002/jclp.10266

Beutler, L. E., Harwood, T. M., Michelson, A., Song, X., & Holman, J. (2011). Reactance/resistance. In J. C. Norcross (Ed.), *Psychotherapy relationships that work* (2nd ed., pp. 261-278). New York, NY:

Oxford University Press.

Beutler, L. E., Mahoney, M. J., Norcross, J. C., Prochaska, J. O., Sollod, R. M., & Robertson, M. (1987). Training integrative and eclectic psychotherapists II. *Journal of Integrative & Eclectic Psychotherapy, 6*, 296-332.

Bordin, E. S. (1983). A working alliance model of supervision. *The Counseling Psychologist, 11*, 35-42. http://dx.doi.org/10.1177/0011000083111007

Bucky, S. T., Marques, S., Daly, J., Alley, J., & Karp, A. (2010). Supervision characteristics related to the supervisory working alliance as rated by doctoral-level supervisees. *The Clinical Supervisor, 29*, 149-163. http://dx.doi.org/10.1080/07325223.2010.519270

Burkard, A. W., Johnson, A. J., Madson, M. B., Pruitt, N. T., Contreras-Tadych, D. A., Kozlowski, J. M., . . . Knox, S. (2006). Supervisor cultural responsiveness and unresponsiveness in cross-cultural supervision. *Journal of Counseling Psychology, 53*, 288-301. http://dx.doi.org/10.1037/0022-0167.53.3.288

Burlingame, G., McClendon, D. T., & Alonso, J. (2011). Group cohesion. In J. C. Norcross (Ed.), *Psychotherapy relationships that work* (2nd ed., pp. 110-131). New York, NY: Oxford University Press. http://dx.doi.org/10.1093/acprof:oso/9780199737208.003.0005

Carifio, M. S., & Hess, A. K. (1987). Who is the ideal supervisor? *Professional Psychology: Research and Practice, 18*, 244-250. http://dx.doi.org/10.1037/0735-7028.18.3.244

Castonguay, L. G. (2000). A common factors approach to psychotherapy training. *Journal of Psychotherapy Integration, 10*, 263-282. http://

dx.doi.org/10.1023/A:1009496929012

Castonguay, L. G., & Beutler, L. E. (Eds.). (2017). *Principles of therapeutic change that work* (Vol. 2). New York, NY: Oxford University Press.

Castonguay, L. G., Schut, A. J., Aikins, D. E., Constantino, M. J., Laurenceau, J. P., Bologh, L., & Burns, D. D. (2004). Integrative cognitive therapy for depression: A preliminary investigation. *Journal of Psychotherapy Integration, 14,* 4-20.

Chopra, T. (2013). All supervision is multicultural: A review of literature on the need for multicultural supervision in counseling. *Psychological Studies, 58,* 335-338. http://dx.doi.org/10.1007/s12646-013-0206-x

Chow, D. L., Miller, S. D., Seidel, J. A., Kane, R. T., Thornton, J. A., & Andrews, W. P. (2015). The role of deliberate practice in the development of highly effective psychotherapists. *Psychotherapy, 52,* 337-345. http://dx.doi.org/10.1037/pst0000015

Constantine, M. G., Ladany, N., Inman, A. G., & Ponterotto, J. G. (1996). Students' perceptions of multicultural training in counseling psychology programs. *Journal of Multicultural Counseling and Development, 24,* 241-253. http://dx.doi.org/10.1002/j.2161-1912.1996.tb00306.x

Cook, J. M., Biyanova, T., Elhai, J., Schnurr, P. P., & Coyne, J. C. (2010). What do psychotherapists really do in practice? An internet study of over 2,000 practitioners. *Psychotherapy, 47,* 260-267.

Demorest, A. P. (2004). *Psychology's grand theorists: How personal experiences shaped professional ideas.* Mahwah, NJ: Erlbaum.

Dryden, W., & Spurling, L. (Eds.). (1989). *On becoming a psychotherapist.* London, England: Tavistock/Routledge.

Duncan, B. L., Miller, S. D., Sparks, J. A., Claud, D. A., Reynolds, L. R., Brown, J., & Johnson, L. D. (2003). The session rating scale: Preliminary psychometric properties of a working alliance measure. *Journal of Brief Therapy, 3*, 3-12.

Ekstein, R., & Wallerstein, R. S. (1972). *The teaching and learning of psychotherapy* (Rev. ed.). Oxford, England: International Universities Press.

Elliott, R., Bohart, A. C., Watson, J. C., & Greenberg, L. S. (2011). Empathy. In J. C. Norcross (Ed.), Psychotherapy relationships that work (2nd ed., pp. 132-152). New York, NY: Oxford University Press. http://dx.doi.org/10.1093/acprof:oso/9780199737208.003.0006

Ellis, M. V. (2006). Critical incidents in clinical supervision and in supervisor supervision: Assessing supervisory issues. *Training and Education in Professional Psychology, S*(2), 122-132. http://dx.doi.org/10.1037/1931-3918.S.2.122

Ellis, M. V. (2010). Bridging the science and practice of clinical supervision: Some discoveries, some misconceptions. *The Clinical Supervisor, 29*, 95-116. http://dx.doi.org/10.1080/07325221003741910

Ellis, M. V., & Ladany, N. (1997). Inferences concerning supervisees and clients in clinical supervision: An integrative review. In C. E. Watkins, Jr. (Ed.), *Handbook of psychotherapy supervision* (pp. 447-507). Hoboken, NJ: Wiley.

Ellis, S., Carette, B., Anseel, F., & Lievens, F. (2014). Systematic reflection: Implications for learning from failures and successes. *Current Directions in Psychological Science, 23*, 67-72. http://dx.doi.org/10.1177/0963721413504106

Falender, C. A., & Shafranske, E. P. (2011). *Getting the most out of clinical training and supervision: A guide for practicum students and interns*. Washington, DC: American Psychological Association.

Farber, B. (2006). Supervisee and supervisor disclosure. In B. Farber (Ed.), *Selfdisclosure in psychotherapy* (pp. 180-197). New York, NY: Guilford Press.

Farber, B. A., & Doolin, E. M. (2011). Positive regard. In J. C. Norcross (Ed.), *Psychotherapy relationships that work* (2nd ed., pp. 168-186). New York, NY: Oxford University Press. http://dx.doi.org/10.1093/acprof:oso/9780199737208.003.0008

Feyerabend, P. (1970). Consolations for the specialist. In I. Lakatos & A. E. Musgrave (Eds.), *Criticism and the growth of knowledge* (pp. 59-89). Cambridge, England: Cambridge University.

Fiscalini, J. (1985). On supervisory parataxis and dialogue. *Contemporary Psychoanalysis, 21*, 591-608.

Fouad, N. A., Grus, C. L., Hatcher, R. L., Kaslow, N. J., Hutchings, P. S., Madson, M. B., . . . Crossman, R. E. (2009). Competency benchmarks: A model for understanding and measuring competence in professional psychology across training levels. *Training and Education in Professional Psychology, 3*(Suppl.), S5-S26. http://dx.doi.org/10.1037/a0015832

Frances, A., & Clarkin, J. F. (1981). Parallel techniques in supervision and treatment. *Psychiatric Quarterly, 53*, 242-248. http://dx.doi.org/10.1007/BF01070098

Frank, J. D. (1973). *Persuasion and healing* (2nd ed.). Baltimore, MD: Johns Hopkins University.

Freitas, G. J. (2002). The impact of psychotherapy supervision on client outcome: A critical examination of 2 decades of research.

Psychotherapy: Theory, Research, Practice, Training, 39, 354-367.

French, T. M. (1933). Interrelations between psychoanalysis and the experimental work of Pavlov. *American Journal of Psychiatry, 89*, 1165-1203.

Freud, S. (1964). Analysis terminable and interminable. In J. Strachey (Ed. and Trans.), *The standard edition of the complete psychological works of Sigmund Freud* (Vol. 23, pp. 209-254). London, England: Hogarth. (Original work published 1937)

Friedlander, M. L. (2015). Use of relational strategies to repair alliance ruptures: How responsive supervisors train responsive psychotherapists. *Psychotherapy: Theory, Research, & Practice, 52*, 174-179.

Friedlander, M. L., Escudero, V., Heatherington, L., & Diamond, G. M. (2011). Alliance in couple and family therapy. In J. C. Norcross (Ed.), *Psychotherapy relationships that work* (2nd ed., pp. 92-109). New York, NY: Oxford University Press. http://dx.doi.org/10.1093/acprof:oso/9780199737208.003.0004

Garfield, S. L. (1992). Eclectic psychotherapy: A common factors approach. In J. C. Norcross & M. R. Goldfried (Eds.), *Handbook of psychotherapy integration* (pp. 168-201). New York, NY: Basic Books.

Garfield, S. L., & Kurtz, R. (1977). A study of eclectic views. *Journal of Consulting and Clinical Psychology, 45*, 78-83. http://dx.doi.org/10.1037/0022-006X.45.1.78

Geller, J. D., Norcross, J. C., & Orlinsky, D. E. (Eds.). (2005). *The psychotherapist's own psychotherapy: Patient and clinician perspectives*. New York, NY: Oxford University Press.

Goldberg, D. A. (1985). Process notes, audio, and videotape: Modes of presentation in psychotherapy training. *The Clinical Supervisor,* *3*(3), 3-14. http://dx.doi.org/10.1300/J001v03n03_02

Goldfried, M. R. (1980). Toward the delineation of therapeutic change principles. *American Psychologist, 35,* 991-999. http://dx.doi. org/10.1037/0003-066X.35.11.991

Goldfried, M. R. (Ed.). (2001). *How therapists change: Personal and professional reflections.* Washington, DC: American Psychological Association. http://dx.doi.org/10.1037/10392-000

Goldfried, M. R., Pachankis, J. E., & Bell, A. C. (2005). History of psychotherapy integration. In J. C. Norcross & M. R. Goldfried (Eds.), *Handbook of psychotherapy integration* (2nd ed., pp. 24-60). New York, NY: Oxford University Press. http://dx.doi. org/10.1093/med:psych/9780195165791.003.0002

Goldner-deBeer, L. (1999). *Psychotherapy integration in doctoral training programs: Are students prepared for the future?* (Unpublished doctoral dissertation). University of Denver, Denver, CO.

Grant, J., & Schofield, M. (2007). Career-long supervision: Patterns and perspectives. *Counseling and Psychotherapy Research, 7,* 3-11.

Gray, L. A., Ladany, N., Walker, J. A., & Ancis, J. R. (2001). Psychotherapy trainees' experience of counterproductive events in supervision. *Journal of Counseling Psychology, 48,* 371-383. http://dx.doi.org/10.1037/0022-0167.48.4.371

Grencavage, L. M., & Norcross, J. C. (1990). Where are the commonalities among the therapeutic common factors? *Professional Psychology: Research and Practice, 21,* 372-378. http://dx.doi.org/10.1037/0735-7028.21.5.372

Grey, A., & Fiscalini, J. (1987). Parallel process as transferencecountertransference interaction. *Psychoanalytic Psychology, 4*, 131–144. http://dx.doi.org/10.1037/h0079131

Guest, P. D., & Beutler, L. E. (1988). The impact of psychotherapy supervision on therapist orientation and values. *Journal of Consulting and Clinical Psychology, 56*, 653–658. http://dx.doi.org/10.1037/0022-006X.56.5.653

Halford, G. S., Baker, R., McCredden, J. E., & Bain, J. D. (2005). How many variables can humans process? *Psychological Science, 16*, 70–76. http://dx.doi.org/10.1111/j.0956-7976.2005.00782.x

Halgin, R. P. (1985). Pragmatic blending of clinical models in the supervisory relationship. *The Clinical Supervisor, 3*, 23–46. http://dx.doi.org/10.1300/J001v03n04_03

Halgin, R. P. (Chair). (1986, May). *Issues in the supervision of integrative psychotherapy.* A symposium presented at the second annual meeting of the Society for the Exploration of Psychotherapy Integration, Toronto, Ontario, Canada.

Halgin, R. P. (Ed.). (1988). Issues in the supervision of integrative psychotherapy [Special section]. *Journal of Integrative & Eclectic Psychotherapy, 7*, 152–180.

Halgin, R. P., & McEntee, D. J. (1993). Countertransference dilemmas in integrative psychotherapy. In G. Stricker & J. Gold (Eds.), *Comprehensive textbook of psychotherapy integration* (pp. 513–522). New York, NY: Plenum Press.

Halgin, R. P., & Murphy, R. A. (1995). Issues in the training of psychotherapists. In B. M. Bongar & L. E. Beutler (Eds.), *Oxford textbooks in clinical psychology: Vol. 1. Comprehensive textbook of psychotherapy: Theory and practice* (pp. 434–455). New York, NY: Oxford University Press.

Handley, P. (1982). Relationship between supervisors' and trainees' cognitive styles and the supervision process. *Journal of Counseling Psychology, 29*, 508-515. http://dx.doi.org/10.1037/0022-0167.29.5.508

Hayes, J. A., Gelso, C. J., & Hummel, A. M. (2011). Managing countertransference. In J. C. Norcross (Ed.), *Psychotherapy relationships that work* (2nd ed., pp. 239-258). New York, NY: Oxford University Press. http://dx.doi.org/10.1093/acprof:oso/9780199737208.003.0012

Heide, F. J., & Rosenbaum, R. (1988). Therapist's experiences of using single versus combined theoretical models in psychotherapy. *Journal of Integrative & Eclectic Psychotherapy, 7*, 41-46.

Henry, W. E., Sims, J. H., & Spray, S. L. (1971). *The fifth profession: Becoming a psychotherapist.* San Francisco, CA: Jossey-Bass.

Heppner, P. P., & Roehlke, J. J. (1984). Differences among supervisees at different levels of training: Implications for a developmental model of supervision. *Journal of Counseling Psychology, 31*, 76-90. http://dx.doi.org/10.1037/0022-0167.31.1.76

Hess, A. K. (Ed.). (1980). Psychotherapy supervision. New York, NY: Wiley.

Hilsenroth, M. (Ed.). (2015). Progress monitoring and feedback [Special issue]. *Psychotherapy, 52*, 381-462.

Hilsenroth, M. J., Defife, J. A., Blagys, M. D., & Ackerman, S. J. (2006). Effects of training in short-term psychodynamic psychotherapy: Change in graduate clinician technique. *Psychotherapy Research, 16*, 293-305.

Hogan, R. A. (1964). Issues and approaches in supervision. *Psychotherapy: Theory, Research & Practice, 1*, 139-141. http://

dx.doi.org/10.1037/h0088589

Holloway, E. L., & Wampold, B. E. (1986). Relation between conceptual level and counseling-related tasks: A meta-analysis. *Journal of Counseling Psychology, 33*, 310-319. http://dx.doi.org/10.1037/0022-0167.33.3.310

Holt, H., Beutler, L. E., Kimpara, S., Macias, S., Haug, N. A., Shiloff, N., . . . Stein, M. (2015). Evidence-based supervision: Tracking outcome and teaching principles of change in clinical supervision to bring science to integrative practice. *Psychotherapy, 52*, 185-189. http://dx.doi.org/10.1037/a0038732

Horvath, A. O., Del Re, A. C., Flückiger, C., & Symonds, D. (2011). Alliance in individual psychotherapy. In J. C. Norcross (Ed.), *Psychotherapy relationships that work* (2nd ed., pp. 25-69). New York, NY: Oxford University Press. http://dx.doi.org/10.1093/acprof:oso/9780199737208.003.0002

Horvath, A. O., & Greenberg, L. S. (1989). Development and validation of the Working Alliance Inventory. *Journal of Counseling Psychology, 36*, 223-233. http://dx.doi.org/10.1037/0022-0167.36.2.223

Hunsley, J., & Marsh, H. (2008). *A guide to assessments that work.* New York, NY: Oxford University Press.

Inman, A. G., & DeBoer Kreider, E. (2013). Multicultural competence: Psychotherapy practice and supervision. *Psychotherapy, 50*, 346-350. http://dx.doi.org/10.1037/a0032029

Inman, A. G., & Ladany, N. (2014). Multicultural competencies in psychotherapy supervision. In F. T. L. Leong (Ed.), *APA handbook of multicultural psychology: Vol. 2. Applications and training* (pp. 643-658). Washington, DC: American Psychological Association.

Jacobs, S. C., Huprich, S. K., Grus, C. L., Cage, E. A., Elman, N. S., Forrest, L., . . . Kaslow, N. J. (2011). Trainees with professional competency problems: Preparing trainers for difficult but necessary conversations. *Training and Education in Professional Psychology, 5*, 175-184. http://dx.doi.org/10.1037/a0024656

Kagan, N. (1980). Influencing human interaction: Eighteen years with IPR. In A. K. Hess (Ed.), *Psychotherapy supervision* (pp. 262-283). New York, NY: Wiley.

Kaslow, N. J. (2004). Competencies in professional psychology. *American Psychologist, 59*, 774-781. http://dx.doi.org/10.1037/0003-066X.59.8.774

Kaslow, N. J., Falender, C. A., & Grus, C. L. (2012). Valuing and practicing competency-based supervision: A transformational leadership perspective. *Training and Education in Professional Psychology, 6*, 47-54. http://dx.doi.org/10.1037/a0026704

Knox, S., Burkard, A. W., Edwards, L. M., Smith, J. J., & Schlosser, L. Z. (2008). Supervisors' reports of the effects of supervisor self-disclosure on supervisees. *Psychotherapy Research, 18*, 543-559.

Koocher, G. P., McMann, M. R., Stout, A. O., & Norcross, J. C. (2015). Discredited assessment and treatment methods used with children and adolescents: A Delphi Poll. *Journal of Clinical Child and Adolescent Psychology, 44*, 722-729.

Kopp, S. (1985). *Even a stone can be a teacher: Learning and growing from the experiences of everyday life.* Los Angeles, CA: Jeremy P. Tarcher.

Kuhn, T. S. (1970). *The structure of scientific revolutions* (2nd ed.). Chicago, IL: University of Chicago.

Ladany, N., Constantine, M. G., Miller, K., Erickson, C. D., &

Muse-Burke, J. L. (2000). Supervisor countertransference: A qualitative investigation into its identification and description. *Journal of Counseling Psychology, 47*, 102-115. http://dx.doi.org/10.1037/0022-0167.47.1.102

Ladany, N., Friedlander, M. L., & Nelson, M. L. (2005). Remediating skill difficulties and deficits: It's more than just teaching. In N. Ladany, M. L. Friedlander, & M. L. Nelson (Eds.), *Critical events in supervision: An interpersonal approach* (pp. 23-51). Washington, DC: American Psychological Association. http://dx.doi.org/10.1037/10958-002

Ladany, N., Hill, C. E., Corbett, M. M., & Nutt, E. A. (1996). Nature, extent, and importance of what psychotherapy trainees do not disclose to their supervisors. *Journal of Counseling Psychology, 43*, 10-24. http://dx.doi.org/10.1037/0022-0167.43.1.10

Lambert, M. J. (2010). *Prevention of treatment failure: The use of measuring, monitoring, and feedback in clinical practice.* Washington, DC: American Psychological Association.

Lambert, M. J., & Ogles, B. M. (1997). The effectiveness of psychotherapy supervision. In C. E. Watkins, Jr. (Ed.), *Handbook of psychotherapy supervision* (pp. 421-446). New York, NY: Wiley.

Lambert, M. J., & Shimokawa, K. (2011). Collecting client feedback. In J. C. Norcross (Ed.), *Psychotherapy relationships that work* (2nd ed., pp. 203-223). New York, NY: Oxford University Press. http://dx.doi.org/10.1093/acprof:oso/9780199737208.003.0010

Lampropoulos, G. K. (2003). A common factors view of counseling supervision process. *The Clinical Supervisor, 21*, 77-95. http://dx.doi.org/10.1300/J001v21n01_06

Lampropoulos, G. K., & Dixon, D. N. (2007). Psychotherapy integration in internships and counseling psychology doctoral programs.

Journal of Psychotherapy Integration, 17, 185-208. http://dx.doi. org/10.1037/1053-0479.17.2.185

Lazarus, A. A. (1967). In support of technical eclecticism. *Psychological Reports, 21*, 415-416. http://dx.doi.org/10.2466/pr0.1967.21.2.415

Lazarus, A. A. (1971). Where do behavior therapists take their troubles? *Psychological Reports, 28*, 349-350. http://dx.doi.org/10.2466/ pr0.1971.28.2.349

Lazarus, A. A., Beutler, L. E., & Norcross, J. C. (1992). The future of technical eclecticism. *Psychotherapy: Theory, Research, Practice, Training, 29*, 11-20. http://dx.doi.org/10.1037/0033-3204.29.1.11

Levenson, H. (2012). Time-limited dynamic psychotherapy: An integrative perspective. In M. J. Dewan, B. N. Steenbarger, & R. P. Greenberg, *The art and science of brief psychotherapies: An illustrated guide* (2nd ed., pp. 195-238). Washington, DC: American Psychiatric Press.

Lichtenberg, J. W., Goodyear, R. K., Overland, E., Hutman, H., & Norcross, J. C. (2016). *Portrait of a specialty: Counseling psychology in the U.S. in relation to clinical psychology and to itself across three decades.* Manuscript submitted for publication.

Liff, Z. A. (1992). Psychoanalysis and dynamic techniques. In D. K. Freedheim (Ed.), *History of psychotherapy* (pp. 571-586). Washington, DC: American Psychological Association.

Lilienfeld, S. O. (2007). Psychological treatments that cause harm. *Perspectives on Psychological Science, 2*, 53-70. http://dx.doi. org/10.1111/j.1745-6916.2007.00029.x

Loganbill, C., Hardy, E., & Delworth, U. (1982). Supervision: A conceptual model. *The Counseling Psychologist, 10*(1), 3-42. http:// dx.doi.org/10.1177/0011000082101002

London, P. (1966). Major issues in psychotherapy integration. *International Journal of Eclectic Psychotherapy, 5*(3), 1-12.

Lunde, D. T. (1974). Eclectic and integrated theory: Gordon Allport and others. In A. Burton (Ed.), *Operational theories of personality* (pp. 381-404). New York, NY: Brunner/Mazel.

Magnavita, J. J., & Anchin, J. C. (2014). *Unifying psychotherapy: Principles, methods, and evidence from clinical science.* New York, NY: Springer.

Maguire, G. P., Goldberg, D. P., Hobson, R. F., Margison, F., Moss, S., & O'Dowd, T. (1984). Evaluating the teaching of a method of psychotherapy. *The British Journal of Psychiatry, 144*, 575-580. http://dx.doi.org/10.1192/bjp.144.6.575

Mahoney, M. J. (1986). The tyranny of technique. *Counseling and Values, 30*, 169-174. http://dx.doi.org/10.1002/j.2161-007X.1986.tb00461.x

McNeill, B. W., & Stoltenberg, C. D. (2016). *Supervision essentials for the integrative developmental model.* Washington, DC: American Psychological Association. http://dx.doi.org/10.1037/14858-000

Mehr, K. E., Ladany, N., & Caskie, G. I. L. (2010). Trainee nondisclosure in supervision: What are they not telling you? *Counselling & Psychotherapy Research, 10*, 103-113. http://dx.doi.org/10.1080/14733141003712301

Meltzoff, J. (1984). Research training for clinical psychologists: Point-counterpoint. *Professional Psychology: Research and Practice, 15*, 203-209. http://dx.doi.org/10.1037/0735-7028.15.2.203

Messer, S. B. (1992). A critical examination of belief structures in integrative and eclectic psychotherapy. In J. C. Norcross & M. R. Goldfried (Eds.), *Handbook of psychotherapy integration* (pp. 130-

168). New York, NY: Basic Books.

Messer, S. B. (2001). Introduction to the special issue on assimilative integration. *Journal of Psychotherapy Integration, 11*, 1-4. http://dx.doi.org/10.1023/A:1026619423048

Milne, D., Aylott, H., Fitzpatrick, H., & Ellis, M. V. (2008). How does clinical supervision work? Using a "best evidence synthesis" approach to construct a basic model of supervision. *The Clinical Supervisor, 27*, 170-190. http://dx.doi.org/10.1080/07325220802487915

Moskowitz, S. A., & Rupert, P. A. (1983). Conflict resolution within the supervisory relationship. *Professional Psychology: Research and Practice, 14*, 632-641. http://dx.doi.org/10.1037/0735-7028.14.5.632

Murphy, G. (1969). Psychology in the year 2000. *American Psychologist, 24*, 523-530. http://dx.doi.org/10.1037/h0027871

Nathan, P. E., & Gorman, J. M. (Eds.). (2015). *A guide to treatments that work* (4th ed.). New York, NY: Oxford University Press.

Nelson, G. (1978). Psychotherapy supervision from the trainee's point of view: A survey of preferences. *Professional Psychology, 9*, 539-550. http://dx.doi.org/10.1037/0735-7028.9.4.539

Nelson, M. L., Barnes, K. L., Evans, A. L., & Triggiano, P. J. (2008). Working with conflict in clinical supervision: Wise supervisors' perspectives. *Journal of Counseling Psychology, 55*, 172-184. http://dx.doi.org/10.1037/0022-0167.55.2.172

Nelson, M. L., & Friedlander, M. L. (2001). A close look at conflictual supervisory relationships: The trainee's perspective. *Journal of Counseling Psychology, 48*, 384-395.

Nettles, R., & Balter, R. (2011). *Multiple minority identities*. New York,

NY: Springer.

Neufeldt, S. A., Beutler, L. E., & Banchero, R. (1997). Research on supervisor variables in psychotherapy research. In C. E. Watkins, Jr. (Ed.), Handbook of psychotherapy supervision (pp. 508-524). New York, NY: Wiley.

Norcross, J. C. (Ed.). (1986). Training integrative/eclectic psychotherapists [Special section]. International Journal of Eclectic Psychotherapy, 5, 71-94.

Norcross, J. C. (1988). Supervision of integrative psychotherapy. Journal of Integrative & Eclectic Psychotherapy, 7, 157-166.

Norcross, J. C. (1990, August). Countertransference confessions of a prescriptive eclectic. Paper presented at the annual conference of the Society for the Exploration of Psychotherapy Integration, Philadelphia, PA.

Norcross, J. C. (2000). Psychotherapist self-care: Practitioner-tested, researchinformed strategies. Professional Psychology: Research and Practice, 31, 710-713. http://dx.doi.org/10.1037/0735-7028.31.6.710

Norcross, J. C. (2005). The psychotherapist's own psychotherapy: Educating and developing psychologists. American Psychologist, 60, 840-850. http://dx.doi.org/10.1037/0003-066X.60.8.840

Norcross, J. C. (2006). Personal integration: An N of 1 study. Journal of Psychotherapy Integration, 16, 59-72. http://dx.doi.org/10.1037/1053-0479.16.1.59

Norcross, J. C. (Ed.). (2011). Psychotherapy relationships that work (2nd ed.). New York, NY: Oxford University Press. http://dx.doi.org/10.1093/acprof:oso/9780199737208.001.0001.

Norcross, J. C., & Aboyoun, D. C. (1994). Self-change experiences of psychotherapists. In T. M. Brinthaupt & R. P. Lipka (Eds.), *Changing the self* (pp. 253-278). Albany: State University of New York Press.

Norcross, J. C., & Beutler, L. E. (2000). A prescriptive eclectic approach to psychotherapy training. *Journal of Psychotherapy Integration, 10*, 247-261. http://dx.doi.org/10.1023/A:1009444912173

Norcross, J. C., & Beutler, L. E. (2014). Evidence-based relationships and responsiveness for depression and substance abuse. In D. H. Barlow (Ed.), *Clinical handbook of psychological disorders* (5th ed., pp. 617-639). New York, NY: Guilford.

Norcross, J. C., Beutler, L. E., & Clarkin, J. F. (1990). Training in differential treatment selection. In L. E. Beutler & J. F. Clarkin (Eds.), *Systematic treatment selection: Toward targeted therapeutic intervention* (pp. 289-307). New York, NY: Brunner/Mazel.

Norcross, J. C., Beutler, L. E., Clarkin, J. F., DiClemente, C. C., Halgin, R. P., Frances, A., . . . Suedfeld, P. (1986). Training integrative/eclectic psychotherapists. *Journal of Integrative & Eclectic Psychotherapy, 5*, 71-94.

Norcross, J. C., Beutler, L. E., & Levant, R. F. (Eds.). (2006). *Evidence-based practices in mental health: Debate and dialogue on the fundamental questions.* Washington, DC: American Psychological Association. http://dx.doi.org/10.1037/11265-000

Norcross, J. C., Campbell, L. M., Grohol, J. M., Santrock, J. W., Selagea, F., & Sommer, R. (2013). *Self-help that works: Resources to improve emotional health and strengthen relationships* (4th ed.). New York, NY: Oxford University Press.

Norcross, J. C., Dryden, W., & DeMichele, J. T. (1992). British clinical psychologists and personal therapy: III. What's good for the goose?

Clinical Psychology Forum, 44, 29-33.

Norcross, J. C., & Goldfried, M. R. (Eds.). (2005). Handbook of psychotherapy integration (2nd ed.). New York, NY: Oxford University Press. http://dx.doi.org/10.1093/med:psych/9780195165791.001.0001

Norcross, J. C., & Guy, J. D. (2005). The prevalence and parameters of personal therapy in the US. In J. D. Geller, J. C. Norcross, & D. E. Orlinksy (Eds.), The psychotherapist's own psychotherapy: Patient and clinician perspectives (pp. 165-176). New York, NY: Oxford University Press.

Norcross, J. C., & Guy, J. D. (Eds.). (2007). Leaving it at the office: A guide to psychotherapist self-care. New York, NY: Guilford.

Norcross, J. C., & Halgin, R. P. (1997). Integrative approaches to psychotherapy supervision. In C. E. Watkins, Jr. (Ed.), Handbook of psychotherapy supervision (pp. 203-222). New York, NY: Wiley.

Norcross, J. C., Hogan, T. P., Koocher, G. P., & Maggio, L. (2017). Clinician's guide to evidence-based practice: Behavioral health and addictions (2nd ed.). New York, NY: Oxford University Press.

Norcross, J. C., Karpiak, C. P., & Lister, K. M. (2005). What's an integrationist? A study of self-identified integrative and (occasionally) eclectic psychologists. Journal of Clinical Psychology, 61, 1587-1594. http://dx.doi.org/10.1002/jclp.20203

Norcross, J. C., Koocher, G. P., & Garofalo, A. (2006). Discredited psychological treatments and tests: A Delphi poll. Professional Psychology, Research and Practice, 37, 515-522. http://dx.doi.org/10.1037/0735-7028.37.5.515

Norcross, J. C., Krebs, P. M., & Prochaska, J. O. (2011). Stages of change. In J. C. Norcross (Ed.), Psychotherapy relationships that *work* (2nd ed., pp. 279-300). New York, NY: Oxford University Press. http://dx.doi.org/10.1093/acprof:oso/

Norcross, J. C., & Lambert, M. J. (2014). Relationship science and practice in psychotherapy: Closing commentary. *Psychotherapy, 51*, 398-403. http://dx.doi.org/10.1037/a0037418

Norcross, J. C., Pfund, R. A., & Prochaska, J. O. (2013). Psychotherapy in 2022: A Delphi poll on its future. *Professional Psychology: Research and Practice, 44*, 363-370. http://dx.doi.org/10.1037/a0034633

Norcross, J. C., & Prochaska, J. O. (1988). A study of eclectic (and integrative) views revisited. *Professional Psychology: Research and Practice, 19*, 170-174. http://dx.doi.org/10.1037/0735-7028.19.2.170

Norcross, J. C., & Rogan, J. D. (2013). Psychologists conducting psychotherapy in 2012: Current practices and historical trends among Division 29 members. *Psychotherapy, 50*, 490-495. http://dx.doi.org/10.1037/a0033512

Norcross, J. C., & Sayette, M. A. (2016). *Insider's guide to graduate programs in clinical and counseling psychology* (2016/2017 edition). New York, NY: Guilford Press.

Norcross, J. C., & VandenBos, G. R. (2011). Training audiotapes and videotapes. In J. C. Norcross, G. R. VandenBos, & D. K. Freedheim (Eds.), *History of psychotherapy* (2nd ed., pp. 693-702). Washington, DC: American Psychological Association. http://dx.doi.org/10.1037/12353-046

Norcross, J. C., Zimmerman, B. E., Greenberg, R., & Swift, J. K. (2016). *Do all therapists do that when saying goodbye? A study of commonalities in termination behaviors.* Manuscript submitted for publication.

Omer, H., & London, P. (1988). Metamorphosis in psychotherapy: End of the systems era. *Psychotherapy: Theory, Research, Practice, Training, 25,* 171-180. http://dx.doi.org/10.1037/h0085329

Orlinsky, D. E., & Norcross, J. C. (2005). Outcomes and impacts of the psychotherapists' personal therapy: A research review. In J. D. Geller, J. C. Norcross, & D. E. Orlinsky (Eds.), *The psychotherapist's own psychotherapy: Patient and clinician perspectives* (pp. 214-230). New York, NY: Oxford University Press.

Orlinsky, D. E., & R ø nnestad, M. H. (2005). *How psychotherapists develop: A study of therapeutic work and professional growth.* Washington, DC: American Psychological Association. http://dx.doi.org/10.1037/11157-000

Osler, W. (1906). *Aequanimatas.* New York, NY: McGraw-Hill.

Page, S., & Wosket, V. (Eds.). (2001). *Supervising the counsellor: A cyclical model* (2nd ed.). Hove, England: Brunner-Routledge.

Paniagua, F. A. (2005). *Assessing and treating culturally diverse clients: A practical guide* (3rd ed.). Thousand Oaks, CA: Sage. http://dx.doi.org/10.4135/9781483329093

Peake, T. H., Nussbaum, B. D., & Tindell, S. D. (2002). Clinical and counseling supervision references: Trends and needs. *Psychotherapy: Theory, Research, Practice, Training, 39,* 114-125. http://dx.doi.org/10.1037/0033-3204.39.1.114

Persons, J. B., Hong, J. J., Eidelman, P., & Owen, D. J. (2016). Learning from practice and patients. In J. C. Norcross, G. R. VandenBos, & D. K. Freedheim (Eds.), *APA handbook of clinical psychology: Vol. 5. Education and profession* (pp. 255-268). Washington, DC: American Psychological Association.

Phillips, G. L., & Kanter, C. N. (1984). Mutuality in psychotherapy supervision. *Psychotherapy: Theory, Research, Practice, Training, 21*, 178-183. http://dx.doi.org/10.1037/h0085969

Pope, K. S., & Vasquez, M. J. T. (2016). *Ethics in psychotherapy and counseling: A practical guide* (5th ed.). Hoboken, NJ: Wiley.

Prochaska, J. O. (1979). *Systems of psychotherapy: A transtheoretical analysis.* Homewood, IL: Dorsey.

Prochaska, J. O., & DiClemente, C. C. (1984). *The transtheoretical approach: Crossing the traditional boundaries of therapy.* Homewood, IL: Dow Jones-Irvin.

Prochaska, J. O., & Norcross, J. C. (1983). Psychotherapists' perspectives on treating themselves and their clients for psychic distress. *Professional Psychology, 14*, 642-655.

Prochaska, J. O., & Norcross, J. C. (2013). *Systems of psychotherapy: A transtheoretical analysis* (8th ed.). Pacific Grove, CA: Cengage-Brooks/Cole.

Ramos-Sánchez, L., Esnil, E., Goodwin, A., Riggs, S., Touster, L. O., Wright, L. K., . . . Rodolfa, E. (2002). Negative supervisory events: Effects on supervision and supervisory alliance. *Professional Psychology: Research and Practice, 33*, 197-202. http://dx.doi.org/10.1037/0735-7028.33.2.197

Reichelt, S., & Skjerve, J. (2002). Correspondence between supervisors and trainees in their perception of supervision events. *Journal of Clinical Psychology, 58*, 759-772. http://dx.doi.org/10.1002/jclp.2003

Robertson, M. (1979). Some observations from an eclectic therapist. *Psychotherapy: Theory, Research & Practice, 16*, 18-21. http://dx.doi.org/10.1037/h0085867

Robiner, W. N., Fuhrman, M., & Ristvedt, S. (1993). Evaluation and difficulties in supervising psychology interns. *The Clinical Psychologist, 46*, 3-13.

Rosen, C. S. (2000). Is the sequencing of change processes by stage consistent across health problems? A meta-analysis. *Health Psychology, 19*, 593-604. http://dx.doi.org/10.1037/0278-6133.19.6.593

Rosenbaum, R. (1988). Feelings toward integration: A matter of style and identity. *Journal of Integrative & Eclectic Psychotherapy, 7*, 52-60.

Rosenblatt, A., & Mayer, J. E. (1975). Objectionable supervisory styles: Students' views. *Social Work, 20*, 184-189.

Rosenzweig, S. (1936). Some implicit common factors in diverse methods in psychotherapy. *American Journal of Orthopsychiatry, 6*, 412-415.

Ryle, A. (1990). *Cognitive-analytic therapy: Active participation in change*. Chichester, England: Wiley.

Sacuzzo, D. (2003). *Liability for failure to supervise adequately: Let the master beware*. The National Register of Health Service Providers in Psychology, Legal Update 13.

Safran, J. D., & Muran, J. C. (2000). *Negotiating the therapeutic alliance: A relational treatment guide*. New York, NY: Guilford Press.

Safran, J. D., Muran, J. C., & Eubanks-Carter, C. (2011). Repairing alliance ruptures. In J. C. Norcross (Ed.), *Psychotherapy relationships that work* (2nd ed., pp. 224-238). New York, NY: Oxford University Press. http://dx.doi.org/10.1093/acprof:oso/9780199737208.003.0011

Saltzman, N., & Norcross, J. C. (Eds.). (1990). *Therapy wars: Contention and convergence in differing clinical approaches*. San Francisco, CA:

Jossey-Bass.

Sarnat, J. E. (1992). Supervision in relationship: Resolving the teach-treat controversy in psychoanalytic supervision. *Psychoanalytic Psychology, 9*, 387–403.

Sarnat, J. E. (2015). *Supervision essentials for psychodynamic psychotherapies.* Washington, DC: American Psychological Association.

Schacht, T. E. (1991). Can psychotherapy education advance psychotherapy integration? A view from the cognitive psychology of expertise. *Journal of Psychotherapy Integration, 1*, 305–319. http://dx.doi.org/10.1037/h0101194

Schottenbauer, M. A., Glass, C. R., & Arnkoff, D. B. (2005). Outcome research on psychotherapy integration. In J. C. Norcross & M. R. Goldfried (Eds.), *Handbook of psychotherapy integration* (2nd ed., pp. 459–493). New York, NY: Oxford University Press. http://dx.doi.org/10.1093/med:psych/9780195165791.003.0022

Schultz-Ross, R. A. (1995). Ideological singularity as a defense against clinical complexity. *American Journal of Psychotherapy, 49*, 540–547.

Shanfield, S. B., Hetherly, V. V., & Matthews, K. L. (2001). Excellent supervision: The residents' perspective. *Journal of Psychotherapy Practice and Research, 10*, 23–27.

Shapiro, S. J. (1986). Thought experiments for psychotherapists. *International Journal of Eclectic Psychotherapy, 5*(1), 69–70.

Shirk, S. R., & Karver, M. (2011). Alliance in child and adolescent therapy. In J. C. Norcross (Ed.), *Psychotherapy relationships that work* (2nd ed., pp. 70–91). New York, NY: Oxford University Press. http://dx.doi.org/10.1093/acprof:oso/9780199737208.003.0003

Smith, T. B., Rodriguez, M. D., & Bernal, G. (2011). Culture. In J. C.

Norcross (Ed.), *Psychotherapy relationships that work* (2nd ed., pp. 316-335). New York, NY: Oxford University Press. http://dx.doi.org/10.1093/acprof:oso/9780199737208.003.0016

Stanovich, K. E., West, R. W., & Toplak, M. E. (2013). Myside bias, rational thinking, and intelligence. *Current Directions in Psychological Science, 22*, 259-264. http://dx.doi.org/10.1177/0963721413480174

Stein, M., Beutler, L. E., Kimpara, S., Haug, N., Brunet, H., Someah, K., Edwards, C. J., & Macias, S. (2016). *The impact of a common factors, principle-based supervisory approach on treatment outcomes at a psychology training clinic.* Manuscript submitted for publication.

Stoltenberg, C. D., & Delworth, U. (1987). *Supervising counselors and therapists: A developmental approach.* San Francisco, CA: Jossey-Bass.

Stricker, G. (1988). Supervision of integrative psychotherapy. *Journal of Integrative & Eclectic Psychotherapy, 7*, 176-180.

Stricker, G., & Gold, J. (1996). An assimilative model of psychodynamically oriented integrative psychotherapy. *Clinical Psychology: Science and Practice, 3*, 47-58.

Sulloway, F. J. (1996). *Born to rebel: Birth order, family dynamics, and creative lives.* New York, NY: Pantheon.

Swift, J. K., Callahan, J. L., & Vollmer, B. M. (2011). Preferences. In J. C. Norcross (Ed.), *Psychotherapy relationships that work* (2nd ed., pp. 301-315). New York, NY: Oxford University Press. http://dx.doi.org/10.1093/acprof:oso/9780199737208.003.0015

Tennen, H. (1988). Supervision of integrative psychotherapy: A critique. *Journal of Integrative & Eclectic Psychotherapy, 7*, 167-175.

Thorne, F. C. (1957). Critique of recent developments in personality counseling theory. *Journal of Clinical Psychology, 13*, 234-244. http://dx.doi.org/10.1002/1097-4679(196701)23:1⟨3::AID-JCLP2270230102⟩3.0.CO;2-I

Tracey, T. J., Ellickson, J. L., & Sherry, P. (1989). Reactance in relation to different supervisory environments and counselor development. *Journal of Counseling Psychology, 36*, 336-344. http://dx.doi.org/10.1037/0022-0167.36.3.336

Tryon, G. S. (1996). Supervisee development during the practicum year. *Counselor*

Education and Supervision, 35, 287-294. http://dx.doi.org/10.1002/j.1556-6978.1996.tb01929.x

Tryon, G. S., & Winograd, G. (2011). Goal consensus and collaboration. In J. C. Norcross (Ed.), *Psychotherapy relationships that work* (2nd ed., pp. 153-167). New York, NY: Oxford University Press. http://dx.doi.org/10.1093/acprof:oso/9780199737208.003.0007

Vaillant, L. M. (1997). *Changing character*. New York, NY: Basic Books.

Wachtel, P. L. (1977). *Psychoanalysis and behavior therapy: Toward an integration*. New York, NY: Basic Books.

Wachtel, P. L. (1987). *Action and insight*. New York, NY: Guilford Press.

Wachtel, P. L. (1991). From eclecticism to synthesis: Toward a more seamless psychotherapeutic integration. *Journal of Psychotherapy Integration, 1*, 43-54. http://dx.doi.org/10.1037/h0101201

Wainwright, N. A. (2010). *The development of the Leeds Alliance in Supervision Scale (LASS): A brief sessional measure of the supervisory alliance* (Unpublished doctoral dissertation). University of Leeds, England.

Wampold, B. E., & Imel, Z. E. (2015). *The great psychotherapy debate:*

The evidence for what makes psychotherapy work (2nd ed.). New York, NY: Routledge.

Watkins, C. E., Jr. (1997). *Handbook of psychotherapy supervision*. New York, NY: Wiley.

Watkins, C. E., Jr. (2014). The supervisory alliance: A half century of theory, practice, and research in critical perspective. *American Journal of Psychotherapy, 68*, 19-55.

Watkins, C. E., Jr., Budge, S. L., & Callahan, J. L. (2015). Common and specific factors converging in psychotherapy supervision: A supervisory extrapolation of the Wampold/Budge psychotherapy relationship model. *Journal of Psychotherapy Integration, 25*, 214-235. http://dx.doi.org/10.1037/a0039561

Weinberger, J. (1995). Common factors aren't so common: The common factors dilemma. *Clinical Psychology: Science and Practice, 2*, 45-69. http://dx.doi.org/10.1111/j.1468-2850.1995.tb00024.x

Worthington, E. L. (1987). Changes in supervision as counselors and supervisors gain experience: A review. *Professional Psychology: Research and Practice, 18*, 189-208. http://dx.doi.org/10.1037/0735-7028.18.3.189

Youn, S. J., Castonguay, L. G., Xiao, H., Janis, R., McAleavey, A. A., Lockard, A. J., . . . Hayes, J. A. (2015). The Counseling Center Assessment of Psychological Symptoms (CCAPS): Merging clinical practice, training, and research. *Psychotherapy, 52*, 432-441. http://dx.doi.org/10.1037/pst0000029

Ziv-Beiman, S. (2014). Teaching psychotherapy integration from the start: A proposal to teach integration as a fundamental aspect. *Journal of Psychotherapy Integration, 24*, 251-257. http://dx.doi.org/10.1037/a0037800

찾아보기

내용

저자 소개

John C. Norcross, PhD, ABPP는 University of Scranton의 심리학 석좌교수이며, Psychiatry at State University of New York Upstate Medical University의 겸임교수이자, 면허가 있는 임상심리학자이다. 400개 이상의 학술 출판물의 저자인 Norcross 박사는 『APA Handbook of Clinical Psychology』 다섯 권, 『Psychotherapy Relationships That Work』 『Handbook of Psychotherapy Integration』 『Leaving It at the Office: Psychotherapist Self-Care』 『Insider's Guide to Graduate Programs in Clinical & Counseling Psychology』 『Systems of Psychotherapy: A Transtheoretical Analysis』를 포함하여 25권의 책을 공동 집필하거나 편집했다. 그는 The Society for the Exploration of Psychotherapy Integration의 초대 회장으로 선출되었으며, APA(American Psychological Association) 임상심리학 분과와 APA 심리치료 분과 회장을 역임했다. Norcross 박사는 10년 동안 『Journal of Clinical Psychology: In Session』의 편집장이었으며, 12개 서널의 편집 이사로 활동했다. 그는 APA의 Distinguished Career Contributions to Education & Training Award, Carnegie Foundation의 올해의 펜실베이니아 교수, American Psychological Foundation의 Rosalee Weiss Award, National Academies of Practice 선정 같은 여러 전문 상을 받았다. Norcross 박사는 30개국에서 워크숍과 강의를 진행해 왔다. 여행을 하지 않을 때는 펜실베이니아 북동부에서 아내, 두 명의 장성한 자녀, 두 명의 손자와 함께 살고 있다.

Leah M. Popple, PsyD는 Pennsylvania State University에서 심리학 학사를 우등으로 졸업하였고, Marywood University에서 임상심리학 석사 및 PsyD를 취득했다. 그녀의 학업 수상으로는 Phi Beta Kappa와 Baer-Buell Kappa Alpha Theta Scholarship이 있다. Popple 박사는 현재 University of Scranton Counseling Center의 심리학자이다. 그녀의 연구 관심 분야는 대학생의 정신건강, 도움 추구 행동, 통합 수퍼비전이다. Popple 박사는 펜실베이니아 북동부에서 남편, 두 딸, 턱시도 고양이 세 마리와 함께 살고 있다. 일을 하지 않을 때 그녀는 책을 읽고, 달리기를 하며, 요리를 하고, 텃밭에서 일을 한다.

역자 소개

양명숙(Yang, Myongsuk)
독일 뒤셀도르프 하인리히 하이네 대학교(Heinrich-Heine Duesseldorf Universitaet)
　심리학과 철학 박사(Dr. phil.)
현 한남대학교 일반대학원 상담학과, 사회문화 · 행정복지대학원 상담심리학과 및
　아동복지학과 교수

〈저서 및 역서〉
상담이론과 실제(2판, 공저, 학지사, 2019)
집단상담 사례와 프로그램 개발의 실제(공저, 학지사, 2017)
양자심리학(공역, 학지사, 2011)

천세영(Cheon, Seyoung)
한남대학교 일반대학원 상담학과 상담학 박사
현 한남대학교 사회문화 · 행정복지대학원 상담심리학과 강의전담교수

통합적 심리상담에 대한

수퍼비전 핵심 가이드

Supervision Essentials for Integrative Psychotherapy

2022년 8월 10일 1판 1쇄 인쇄
2022년 8월 15일 1판 1쇄 발행

지은이 • John C. Norcross · Leah M. Popple
옮긴이 • 양명숙 · 천세영
펴낸이 • 김진환
펴낸곳 • ㈜**학지사**

　　　　04031 서울특별시 마포구 양화로 15길 20 마인드월드빌딩
대표전화 • 02-330-5114　　팩스 • 02-324-2345
등록번호 • 제313-2006-000265호

홈페이지 • http://www.hakjisa.co.kr
페이스북 • https://www.facebook.com/hakjisabook

ISBN 978-89-997-2729-0　93180

정가 14,000원

역자와의 협약으로 인지는 생략합니다.
파본은 구입처에서 교환해 드립니다.

이 책을 무단으로 전재하거나 복제할 경우 저작권법에 따라 처벌을 받게 됩니다.

출판미디어기업 **학지사**

간호보건의학출판 **학지사메디컬** www.hakjisamd.co.kr
심리검사연구소 **인싸이트** www.inpsyt.co.kr
학술논문서비스 **뉴논문** www.newnonmun.com
교육연수원 **카운피아** www.counpia.com